これだけは知っておきたい！

監査役になるとき いちばん最初に読む本

セブンライツ法律事務所

アニモ出版

プロローグ――はしがきに代えて

七海光雄（監査役内定者／58歳）
A社の総務部長。真面目な性格と手堅い管理能力を買われ、上がりポストとして子会社B社の監査役に就任。

A社
従業員約500名の同族大企業。非公開会社。上場企業である大手グローバルメーカーX社の基幹部品を製造。

B社
A社が製造する部品の原材料調達と一次加工を担う子会社。従業員約50名。

【関係図】

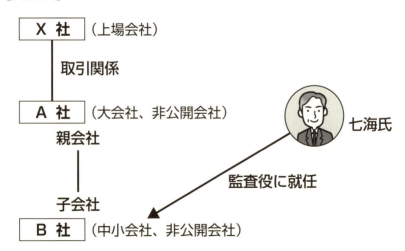

七海氏 （ドアをノック）「失礼します。専務、お呼びでしょうか」

A社専務 「あぁ、七海君。キミに人事異動の話があってね。子会社のB社があるだろう？ そこに移籍して監査役として仕事をしてほしいんだが」

七海氏 「私が、ですか？」

A社専務 「もちろんキミが、だよ。子会社とはいえ、監査役ということは会社の役員になるわけだから、これまでの社員の身分とは違った役割や責任が出てくるもんだ。もちろん、会社役員として相応の待遇も用意される。わが社のキミに対する評価として、これまでのキミの手堅い管理能力を見込んでの今回の人事だ。どうだ、がんばってくれるか？」

七海氏 「わかりました。ですけど、突然、監査役に就任といっても、監査役というのがどういう仕事をするのか、正直なところよくわかりません。はたして務まるのか…」

A社専務 「なに、心配することはない。わが社での勤続35年の実績があるのだから、務まらないはずはない。不安だったら、わが社の顧問弁護士に質問して教えてもらうといい」

七海氏 「ありがとうございます。監査役の職務をいろいろ勉強して、精一杯務めます！」

弁護士（筆者）

会社の経営を取り仕切る取締役と異なり、一般の方にとって、

「監査役」という役職が何のために置かれて、どういう仕事をするのかよくわからない、という印象が強いと思います。

　従業員が出世して役員になる場合、取締役はそれまで会社業務を行なってきた過程で経験し、身につけた知見を活かしてさらなる改善・発展をめざして活動することになります。

　一方で、監査役は法令にもとづき客観的・全般的な見地から、会社の日々の業務や会社全体の適法性・妥当性をチェックすることが仕事であって、会社のビジネスそれ自体を行なう立場にはありません。

　このような役割・立ち位置の違いが、取締役と監査役の仕事のわかりやすさに関係していると思われます。

　また、本書の構成をみておわかりいただけるように、監査役の仕事は、会社の規模や組織設計によって大きく異なってきます。

　特に、上場企業は、株式市場でその会社の株式が日々売買されることから、投資家保護の観点が強く求められ、監査役の仕事内容も複雑になってきます。

　このようにいうと、「自分に監査役の仕事が務まるのだろうか？」と不安に思われてしまうかもしれませんが、ご安心ください。

　この本を読んで「監査役は何を目的に、何をすべきか」を理解できれば、会社業務のポイントを踏まえた適法・適正な監査役としての仕事に取り組むことが可能になります。

　もっとも、この本は、はじめて監査役に就任する方にとって「日本一わかりやすい監査役の入門書」であることをめざし、要点に絞って書いていますから、この本のみでは監査役についての専門的な知識として十分とはいえないところもあるかと思

います。

　この本を最初の一冊にして学びを深めていただきたいと思います。

　この本を手にする方は、会社から監査役としての適性や能力を買われて選任されたことと思います。

　監査役の職務のアウトラインを知り、さらに研鑽を積まれて「頼れる・信頼される監査役」になられることを願ってやみません。

　末尾となりましたが、この本を執筆する機会をくださり、いつもあたたかく笑顔で激励いただくアニモ出版編集部の小林良彦氏に心より感謝いたします。

　2019年10月　　　　　　　　　　　セブンライツ法律事務所
　　　　　　　　　　　　　　　　　　執筆者一同

本書は、2019年10月20日現在の法令等の内容にもとづいています。

監査役になるとき いちばん最初に読む本
も　く　じ

プロローグ──はしがきに代えて　2

1章 会社のしくみと監査役のシゴト

1-1 ──────────────── 14
まず会社のしくみを知っておこう

会社法は自由設計スタイル／会社の機関とは？

会社の分類を知っておこう

機関設計のルールと機関設計のパターン

会社の機関設計に応じた監査役の業務がある！

1-2 ──────────────── 20
監査役についての基礎知識

監査役とは／監査役の権限／「監査」の内容

非公開会社の例外──会計監査限定／監査役の義務

取締役に対する差止め請求

取締役との間の訴えにおける会社の代表

監査役の責任／監査役の資格・選任・任期など

1-3 ──────────────── 29
監査役実務のポイント

監査役に関係するその他の法令・ガイドライン

最低限の会計知識は必要！／自社の状況の把握が重要！

知っトク！COLUMN　顧問弁護士と監査役の兼任　32

2章　中小企業の監査役のシゴト

2-1 ──────── 34
監査役の仕事には業務監査と会計監査の2種類がある

「業務監査」とは／「会計監査」とは

2-2 ──────── 37
あなたの会社の監査役の仕事の範囲は？

「会計監査限定」とは
会社法ではどのように規定されているのか
仕事の範囲は、時代とともに移り変わってきた
「会計監査限定」の有無の確認方法①～③

2-3 ──────── 46
会計監査の目的を押さえよう

「監査基準」に記載された会計監査の定義
会計監査とは「財務諸表」をチェックすること
財務諸表の重要性と監査役のかかわり
「すべての重要な点において適正に表示」とは何か？
「一般に公正妥当と認められる会計基準」とは何か？
会計監査の目的をまとめると

2-4 ──────── 52
会計監査の対象となる書類にはどのようなものがあるか

「財務諸表」の役割／「財務諸表」と「計算書類」「決算書」

CONTENTS

まとめ──会計監査の対象となる書類

2-5 59

貸借対照表（B／S）の役割としくみ

貸借対照表（B／S）とは／貸借対照表がバランスする理由

資産の分類──流動資産、固定資産、繰延資産

負債の分類──流動負債と固定負債

純資産の分類──「元手」と「もうけ」

まとめ──貸借対照表を読むポイント

2-6 69

損益計算書（P／L）の役割としくみ

損益計算書（P／L）とは

「収益」と「利益」、「費用」と「損失」の違い

5種類の利益／収益と費用の計上に関するルール

まとめ──損益計算書を読むポイント

2-7 80

キャッシュ・フロー計算書（C／F）の役割としくみ

キャッシュ・フロー計算書（C／F）とは

財務諸表の一種として組み込まれた経緯

キャッシュ・フロー計算書の構造

キャッシュ・フロー分析の一般論

まとめ──キャッシュ・フロー計算書を読むポイント

2-8 90

経営分析にチャレンジしてみよう

経営分析の基本／収益性分析／効率性分析／安全性分析

まとめ──経営分析のポイント

2-9 ───── 100
財務諸表の重要な誤りを見抜くためのポイント
財務諸表の「重要な点」に関する誤りとは何か？
粉飾決算とは／粉飾決算のメカニズム
Ｂ／Ｓ・Ｐ／Ｌで兆候が表われやすい科目は？
経営指標の比較によって兆候が見つかる場合も
まとめ──経営分析を活用して効率的な会計監査を！

2-10 ───── 107
監査結果を「監査報告書」にまとめよう
監査報告作成義務と監査報告書の内容
事業報告を監査する権限がないことを明記する

知っトク！ COLUMN 会社の偉い人たちの肩書について　112

3章 大会社の監査役のシゴト

3-1 ───── 114
大会社の監査役は何が違うのか？
大会社とは／会計監査に加えて業務監査もマスト
会計監査人の設置もマスト
大会社は監査役会を設置する場合が多い

3-2 ───── 118
監査役会のしくみ
監査役会の設置が必要な会社／監査役会の構成
監査役会の招集／監査役会の決議／監査役会の職務

CONTENTS

3−3 ——————————— 121

監査役（会）と会計監査人の役割分担と関係

会計監査人とは／会計監査人の監査の内容

会計監査人の義務／会計監査人がいる場合の監査役の監査

3−4 ——————————— 125

業務監査の仕事の中身

漠然としている業務監査／事業報告とは／事業報告の監査

事業報告の監査のための取締役（会）との関わり

事業報告監査のための予防的監査業務

3−5 ——————————— 130

業務監査の仕事と取締役会

監査役が業務監査を行なうための武器

取締役等の職務の執行の監査／取締役会への出席義務

取締役会の招集請求と招集／取締役への報告義務／調査権

子会社調査権／株主総会への報告義務／監査役の差止め請求

3−6 ——————————— 137

監査役の責任は？

監査役の責任の種類／民事上の責任

会社に対する民事上の責任／民事上の責任の免責

第三者に対する民事上の責任／民事上の責任と株主代表訴訟

刑事上の責任

3−7 ——————————— 146

ケースで学ぼう「業務監査」①──違法取引？──

事案の概要／損害を被ったのは誰？／責任追及の相手方

取締役会でのやり取り／監査役のとるべき行動／監査役の責任

3-8 ──────────── 154
ケースで学ぼう「業務監査」② ── 不当取引？ ──
事案の概要／損害を被ったのは誰？／責任追及の相手方
取締役会でのやり取り／監査役のとるべき行動
監査役の責任について
この事案でM不動産が倒産しなかったら…

3-9 ──────────── 160
ケースで学ぼう「業務監査」③ ── 通常取引 ──
事案の概要／損害を被ったのは誰？／責任追及の相手方
取締役会でのやり取り／監査役のとるべき行動
経営判断の原則／監査役の責任について

3-10 ──────────── 167
内部統制システム構築勧告義務とは
内部統制システムとは／内部統制システム構築の必要性
内部統制システム構築義務の内容
監査役による内部統制システムの監査

知っトク！COLUMN　監査委員と監査等委員、そして監査役　172

4章 上場会社の監査役のシゴト

4-1 ──────────── 176
上場会社では「有価証券報告書」が超重要
有価証券報告書とは／有価証券報告書の提出義務
ここで改めて、上場会社とは…／大切なのは投資家の視点
上場会社の開示規制

4-2 ——————————————————————— 180

有価証券報告書の中身を少し見てみよう

有価証券報告書の記載事項

監査役として押さえるべきポイント

4-3 ——————————————————————— 185

有価証券報告書以外の開示規制

会社法上の開示規制／金商法上の開示規制

金融商品取引所の規程による開示規制

4-4 ——————————————————————— 188

上場会社の監査役の責任

会社法上の責任について復習しよう

金商法上の責任について見てみよう

4-5 ——————————————————————— 195

監査役の責任が認定された事案

セイクレスト事件／ライブドア事件

最後に、上場会社の監査役となる方へ

知っトク! COLUMN 適法性監査と妥当性監査　202

おわりに　203

カバーデザイン◎水野敬一

本文ＤＴＰ＆図版＆イラスト◎伊藤加寿美（一企画）

1章

会社のしくみと監査役のシゴト

執筆◎田中 純一郎

1-1

まず会社のしくみを知っておこう

監査役内定者「監査役になるからには、いろいろ学ばなければならないとは思うのですが、まず何から学べばいいのか、よくわからないのです」
弁護士「実は、取締役と違って、監査役は株式会社に必ず置かなければならない役職ではないんですよ」
監査役内定者「えっ、そうなんですか!?」
弁護士「そうなんです。ですから、監査役の仕事を知るには、まず会社のしくみを学ぶところから始めましょう」

 会社法は自由設計スタイル

　監査役の役割や意味を知るにはまず、株式会社の大まかなしくみを押さえておく必要があります。
　平成18年（2006年）に施行された会社法は、中小零細企業から上場大企業まで幅広く対応するため、各会社の**制度設計に大幅な自由を認める**とともに、**それぞれの制度設計や会社規模に応じた規制やルール**を定めています。そのため、会社設計ごとに監査役を置く必要性や役割が違ってくるのです。
　そこで、まずは株式会社の基本知識を確認していきましょう。

 会社の機関とは？

　株式会社には、「株主総会」や「取締役」といった一定の役割を担うさまざまな「**機関**」が存在し、「監査役」も株式会社

を構成する機関の一つです。それぞれの会社は、事業目的・事業規模・事業内容に応じて、どのような機関を設置するかを決めることができ、これを「**機関設計**」といいます。

会社の機関と基本的な役割は、主に以下のとおりです。

---【会社の機関設計】---

- **株主総会**…会社の出資者・オーナーである株主が会社の意思決定を行なう
- **取締役**…経営の専門家として会社の業務執行を行なう
- **取締役会**…株主総会に代わり業務執行に関する会社の意思決定を行ない、取締役の業務執行を監督する
- **代表取締役**…取締役会の委任を受けて、会社を代表して業務執行を行なう
- **監査役**…会計監査を含む会社の業務全般の監査を行なう
- **監査役会**…監査役の職務執行に関する事項の決定を行なう
- **会計監査人**…会社の計算書類等の会計監査を行なう
- **会計参与**…取締役と共同して計算書類等を作成する

この他に会社法上の機関として、「指名委員会等設置会社」（会社法400条から422条。業務執行を行なう執行役と執行役を監督する３つの委員会が設けられる）や平成26年（2014年）の会社法改正において、社外取締役の活用をめざして導入された「監査等委員会設置会社」（同法399条の２から14）がありますが、やや特殊な機関と機関設計になるので、後に必要な範囲で説明することにします。

なお、指名委員会等設置会社および監査等委員会設置会社では、監査役を設置することはできません（同法327条４項）。

監査役に相当する役割は、指名委員会等設置会社については

15

取締役のなかから選定される監査委員により構成される監査委員会が、監査等委員会設置会社については監査等委員である取締役により組織される監査等委員会が担います（同法399条の2、404条2項。172ページCOLUMN参照）。

会社の分類を知っておこう

　株式会社のしくみとしてもう一つ知っておくべきなのが、**公開会社と非公開会社、大会社と非大会社（中小会社）**という分類です。この分類のあてはめ方によって監査役の役割や仕事内容が変わってきます。

　「**公開会社**」とは、その発行する全部または一部の株式について定款による**譲渡制限を設けていない会社**のことをいいます（会社法2条5号）。

　一般的に公開会社というと、株式を市場に流通させている上場会社をイメージされるかもしれませんが、公開会社イコール上場会社ではなく、**上場していない公開会社も存在**します。

　また、ほとんどの中小企業は、株主の持つ経営支配権が見知らぬ人に渡るのを防ぐため、「**非公開会社**」として株式の譲渡に制限を設けています。

　そして、公開会社では取締役会の設置が義務づけられている（同法327条1項1号）ため、監査役を置く必要があります（同条2項）。

　次に、「**大会社**」とは、最終事業年度に係る貸借対照表上の**資本金の額が5億円以上**または**負債の合計金額が200億円以上**の会社のことをいいます（同法2条6号）。

　大会社以外の会社についての定義はないので、ここでは便宜的に「**中小会社**」と呼ぶことにします。

　なお、会社法以外の法律や一般用語として「中小企業」とい

う言葉が使われますが、ここでいう中小会社とはイコールではありませんのでご注意ください。

機関設計のルールと機関設計のパターン

会社法では、次にあげるような機関設計におけるいくつかのルールがあります。

【機関設計のルール】
① すべての株式会社で株主総会と取締役の設置が必要（会社法295条1項、326条1項）
② 公開会社および監査役会設置会社では取締役会の設置が必要（同法327条1項1号）
③ 取締役会を設置する場合には監査役の設置が必要（同法327条2項。ただし、非公開会社では会計参与により代替可能）
④ 会計監査人を設置する場合には監査役の設置が必要（同法327条3項）
⑤ 大会社においては会計監査人の設置が必要（同法328条1項2項）
⑥ 公開会社かつ大会社では監査役会の設置が必要（同法328条1項）

これらのルールにのっとって機関設計を考えると、さまざまなパターンが考えられますが、一般社会において多く見られる機関設計は、次のとおりとなります。

【機関設計の主要例】
① ＜非公開会社で中小会社＞
　株主総会＋取締役

②＜非公開会社で中小会社＞ ⇒２章
株主総会＋取締役＋取締役会＋監査役（または会計参与）
③＜非公開会社で大会社＞ ⇒３章
株主総会＋取締役＋取締役会＋監査役＋監査役会＋会計監査人
④＜公開会社で大会社（上場企業等）＞ ⇒４章
株主総会＋取締役＋取締役会＋監査役＋監査役会＋会計監査人

　このような機関設計が多くみられるのは、平成18年（2006年）に施行された会社法以前の旧商法下では、株式会社は「株主総会／３名以上の取締役による取締役会／監査役」の設置が強制され（②のパターン）、大会社についてはさらに商法特例法で３名以上の監査役による監査役会と会計監査人の設置が強制されていた（③のパターン）ことに由来すると思われます。

　なお、現在の会社法における原則形態である株主総会・取締役のみの機関設計（①のパターン）は、旧有限会社法において規定されていたものが会社法に取り込まれたものといえます。

 会社の機関設計に応じた監査役の業務がある！

　この本を読まれる方の会社の機関設計や現状はさまざまなので、本書では上記の機関設計の主要例にもとづき、それぞれの状況に応じて監査役の仕事を説明していこうと思います。

　まず、２章（33ページ以下）において、一般に**中小企業**といわれる会社の監査役の役割と仕事について、**非公開会社（株式譲渡制限会社）**で**中小会社（非大会社）**の分類を前提として、上記②のパターン（**株主総会＋取締役＋取締役会＋監査役**）にのっとって説明します。

次に、3章（113ページ以下）において、一般に**非上場の大企業**とされる会社の監査役の役割と仕事について、**非公開会社**で**大会社**であるとの分類を前提として、上記③のパターン（**株主総会＋取締役＋取締役会＋監査役＋会計監査人**）にのっとって説明します。

さらに、4章（175ページ以下）において、**上場会社**の監査役の役割と仕事について、**公開会社**で**大会社**であるとの分類を前提として、上記④のパターン（**株主総会＋取締役＋取締役会＋監査役＋監査役会＋会計監査人**）にのっとり、上場会社特有のポイントを盛り込んで説明します。

取引先が上場会社のこともあるでしょうから、すべての章を通読して監査役の役割と仕事を理解されることも大切ですが、まずは自分の会社の機関設計と状況に対応する章まで順番に読み進めていただければと思います。

1-2 監査役についての基礎知識

監査役内定者「私が監査役に就任する会社は、(17ページの下の) ②のパターンで、親会社であるいまの会社は(18ページの) ③のパターンにあてはまりますね」

弁護士「そうですね。それぞれのパターンにおける監査役の仕事を学ぶにあたっては、監査役についての基礎知識を理解する必要があります。少々細かい部分もありますが、実際に監査役の業務を行なう際に振り返って確認することがあるかと思いますので、まずは監査役の権限と責任を骨太に理解するように心がけてください」

監査役とは

先に述べたとおり、監査役の職務は、**取締役（および会計参与）の職務執行を監査して監査報告を作成する**ことです（会社法381条1項）。そのために会社法は、さまざまな権限を監査役に与えています。

また、監査役は、たとえ監査役が複数人いても、監査役会が存在したとしても、それぞれの監査役が独立して監査権限を行使する**独任制**とされています。

これは、会社の利益を最優先する取締役と異なり、**中立・公正かつ客観的な立場で会社をチェックする**という職責に由来する、監査役の大きな特徴です。「監査役会で決まったことだから」とか、「他の監査役が進めたことだから」という言い訳は

通用しないのです。

　以下では、会社法が監査役に与えている権限について、順を追ってみていきましょう。なかには、あまりピンとこない部分や、やや細かい説明もありますが、大まかに理解していただければと思います。

　会社実務についてある程度の経験がある方は、先に2章以降を読み進めて、必要に応じて以下の説明を参照いただく形でもかまいません。

 監査役の権限

　監査役の権限は、会社法381条に以下のとおり定められています。

【監査役の権限】
①**業務全般の監査**…取締役（および会計参与）の**職務執行を監査**し、**監査報告**を作成する（同条1項）
②**調査権**…監査役は、いつでも取締役・会計参与・支配人その他の使用人に対して、**事業の報告**を求めまたは監査役自ら会社の**業務および財産の状況を調査**することができる（同条2項）
③**子会社調査権**…監査役は、職務上の必要があるときは、**子会社**に対して事業の報告を求めまたは自ら子会社の業務および財産の状況を調査することができる（同条3項）

　②と③が、①の権限を十分に行なえるようにするために与えられた権限であることはおわかりいただけるかと思います。
　そこで以下では、①の監査の中身について詳しく説明します。

「監査」の内容

監査役が行なう「**監査**」の内容には、以下のものがあります。

①**会計監査**

会社の**会計が正しく行なわれているかをチェック**することを「会計監査」といい、監査役の基本業務になります。

監査役は、計算書類および事業報告、附属明細書（場合により連結計算書類）ならびに臨時計算書類を監査して、監査報告を作成します（会社法436条、441条2項、444条4項）。

②**業務監査**

監査役は、**取締役の会社における業務全般を監査**しますが、このうち、取締役の職務執行が「法令および定款に適合しているかどうか」を監査することは**「適法性監査」**と呼ばれます（同法382条、384条）。

この適法性監査を超えて、取締役の職務執行の「妥当性」についても監査すべきかどうかについては争いがありますが、実務的には監査役の過度の負担を避け、取締役の業務執行を円滑に進めるという観点から、原則として妥当性の監査には及ばないと理解されています。

非公開会社の例外──会計監査限定

上記の重要な例外として、非公開会社（監査役会設置会社と会計監査人設置会社を除く）は、監査役の監査権限の範囲を**会計に関するものに限定する旨を定款で定めることができる**という規定があります（会社法389条1項）。

これは、特定・少数の株主が経営を支配することが多い非公開会社では、会社のオーナーである**株主自身が取締役の業務執行のチェック**をしたほうが合理的であるという考慮によるものです。そのため、監査範囲が会計監査に限定されている会社における取締役に対する監督是正の権限は、株主に委ねられています。

　なお、この監査役の監査の範囲を会計に関するものに限定する旨の定款の定めについては、平成26年（2014年）の改正会社法により**登記事項**とされています（41ページ参照）。

 ## 監査役の義務

　監査役の法的な義務には、主に以下のものがあります。

①取締役への報告義務

　監査役は、取締役が**不正の行為**をしたり、そのおそれがあるとき、または**法令・定款違反**や**著しく不当な事実**があるときは、取締役（または取締役会）に**報告**しなければなりません（会社法382条）。監査役の職務の本体といえます。

②取締役会への出席義務

　監査役は、**取締役会に出席**し、必要があるときは**意見**を述べなければなりません（同法383条）。さらに必要があるときは、監査役は**取締役会の招集**を求めることができ、取締役が招集しない場合はみずから招集することもできます（同条2項、3項）。

③株主総会への報告義務

　監査役は、取締役が株主総会に提出しようとする**議案・書類**等を調査して、**法令・定款違反**や**著しく不当な事実**があるとき

は、調査結果を株主総会に**報告**しなければなりません（同法384条）。

取締役に対する差止め請求

監査役は、取締役が会社の目的の範囲外の行為その他の法令・定款に違反する行為をするおそれがあって、会社に著しい損害が生じるおそれがある場合は、その行為をやめるように請求することができます（会社法385条）。

取締役との間の訴えにおける会社の代表

会社と取締役との間の訴訟や、取締役の責任を追及する**株主代表訴訟**など、会社が訴えたり訴えられたりする場面において、監査役は原告または被告として**会社を代表**することになります（会社法386条）。

監査役の責任

監査役と会社との関係は、**委任関係**とされ（会社法330条）、民法の委任の規定にもとづき「**善管注意義務**」を負います。

善管注意義務の中身を明確に定義することは難しいですが、ここでは、監査役の業務を遂行するのに一般的に必要とされる程度のものであると理解いただければと思います。

監査役がその**任務**を怠ったときは、会社に対し、それによって生じた**損害を賠償**する責任を負います。また、監査役が職務を行なうについて**悪意**または**重大な過失**があったときは、それによって**第三者**に生じた**損害を賠償**する責任を負います（同法429条）。

監査報告について**虚偽記載**をした場合も、同様に責任を負います（同条2項）。

監査役の資格・選任・任期など

【資格】

以下のとおり、法律上、監査役に就任できない場合があります。

――【欠格事由】――
- 法人（会社法335条、331条1項1号）
- 成年被後見人または被保佐人（同2号）
- 刑罰を受けた一定範囲の者（同3号、4号）
- 定款により監査役を株主でなければならないと規定した場合の株主以外の者（ただし、非公開会社に限る。同法331条2項）
- 当該会社もしくはその子会社の取締役もしくは支配人その他の使用人または当該子会社の会計参与もしくは執行役との兼任禁止（同法335条2項）

このうち、兼任禁止については、監査役の**独立性を確保**して自己監査を防止し、監査の実効性を確保するために設けられた規定といえます。

なお、兼任を禁止する必要が生じにくいことから、当該監査役が**親会社の取締役を兼任**することは認められています。

【員数】

監査役の人数に特段の制限はありませんが、監査役会設置会社においては監査役は3人以上、かつその半数以上（過半数ではない）は社外監査役でなければなりません（同法335条3項）。

社外監査役というのは、以下の要件のいずれにも該当する者

をいいます（同法2条16号）

【社外監査役の要件】

①就任の前10年間、当該会社またはその子会社の取締役、会計参与もしくは執行役または支配人その他の使用人であったことがないこと

②就任の前10年以内に当該会社またはその子会社の監査役であったことがある者については、当該監査役への就任前10年間、当該会社またはその子会社の取締役、会計参与もしくは執行役または支配人その他の使用人であったことがないこと

③当該会社の親会社等のオーナー株主、取締役、監査役もしくは執行役または支配人その他の使用人でないこと

④当該会社の親会社等の他の子会社等の業務執行取締役等でないこと

⑤当該会社または親会社等の取締役もしくは支配人その他の重要な使用人の配偶者または2親等内の親族でないこと

　社外監査役は、取締役等の**経営陣から独立した公正な監査が期待できる存在**として位置づけられています。

【任期】

　監査役の任期は**4年**（選任後4年以内に終了する事業年度のうち最終のものに関する定時株主総会の終結のときまで）とされています（同法336条1項）。

　監査役の独立性確保のため、取締役の場合と異なりこの任期は**短縮できません**（同法332条1項参照）が、非公開会社の場合は取締役と同様、定款の定めにより**10年まで伸長**すること

ができます（同法336条2項）。

【選任方法】

　監査役の選任は、**株主総会の普通決議**によって行なわれます（同法329条1項）。

　ただし、選任決議の定足数は、議決権を行使することができる株主の議決権の3分の1を下回ることはできません（同法341条）。

　また、取締役が監査役の選任に関する議案を株主総会に提出するには、監査役（2人以上の場合は過半数。監査役会設置会社では監査役会）の同意を得る必要があり（同法343条1項、3項）、監査役の選任を株主総会の目的とすることまたは監査役の選任に関する議案を株主総会に提出することを請求することができます（同法343条2項、3項）。

　なお、会社と監査役との間の法律関係は、民法上の委任（民法643条から656条）の規定によることは前に述べたとおりです（会社法330条）。

【終任】

　監査役の終任事由は、以下のとおりです。

【終任事由】
- **民法上の委任の規定によるもの**…監査役の辞任、死亡、破産開始決定、成年後見開始
- **会社法の規定によるもの**…解任、監査役の資格の喪失

　監査役の解任について、監査役は、**いつでも株主総会の特別決議**によって解任することができます（同法339条1項、309条2項7号、343条4項）。監査役の独立性を確保するため、取締

役の解任決議要件（普通決議）よりも厳しくされています。

　解任された監査役は、その解任について正当な理由がある場合を除き、株式会社に対し解任によって生じた**損害の賠償を請求**することができます（同法339条2項）。

　なお、株主総会で解任決議が成立しなかった場合でも、当該監査役に職務執行に関する不正行為または重大な法令・定款違反があるときは、少数株主は裁判所に解任の訴えを提起できる場合があります（同法854条）。

【その他】

　その他に監査役に関する規定として、株主総会における監査役の選任・解任・辞任についての意見陳述権（同法345条1項、4項）、辞任した監査役が辞任の旨と辞任の理由を述べる権利（同条2項、4項）、一定の場合における監査役（または監査役会）による会計監査人の解任権（同法340条）や平成26年（2014年）の会社法改正により規定された会計監査人の選任・解任・再任についての決定権（同法344条）があります。

　また、監査役の地位の独立性を経済面からも保障するため、監査役の報酬は、監査の対象者である取締役ではなく**株主総会の決議**によって定められ、監査役の意見陳述権や費用等の前払請求権が認められています（同法387条、388条）。

1-3 監査役実務のポイント

監査役内定者「会社法のなかでの監査役の位置づけや権限と責任はなんとなくわかりましたが、ひとくちに『監査』といっても具体的に何をするのか、いまひとつピンときません」

弁護士「そうですね。一般の会社員にとって監査役の仕事内容は、部長クラスの人でもなじみが薄いと思います。そこでここでは、監査役にまつわるその他の法令・制度と監査役の仕事の大まかな流れやポイントをみておきましょう」

監査役に関係するその他の法令・ガイドライン

前項でみてきたように、監査役の役割や権限は会社法により定められていますが、その他にも押さえておくべき法令やガイドラインがありますので、その概要をみてみましょう。

①会社法施行規則

会社法には、「法務省令で定めるところにより」という言葉がたくさん出てきます。

会社法は法律なので国会の議決を経なければならず、容易に改正できません。そこで、会社法では、**基本的事項だけ法律で**定め、詳細については省令（法務省令）に委ねて、**時代の流れや社会状況の変化に柔軟に対応**できるようにされています。

会社法が委任する法令のなかで、会社法では300ほどの委任

条項があり、会社法施行規則がその中心になります。

②会社計算規則

　監査役の仕事に関してもう一つ重要な法令が「会社計算規則」です。監査報告の内容等について詳細に定められていて、監査報告書はこの規定にもとづいて作成されます。

③金融商品取引法

　4章で説明する上場会社においては、内部的な株主保護の観点に加えて、投資家保護の観点が必要となります。そのため、金融商品取引法により、業務情報および会計情報について有価証券報告書等による開示が義務づけられています。

④ガイドライン等

　主に大会社・上場会社を対象として、監査役の実務家団体である日本監査役協会から、「監査役監査基準」「内部統制システムに係る監査の実施基準」等が公表されています。
　その内容が中小企業には適するとは限りませんが、エッセンスは参考になると思います。

 最低限の会計知識は必要！

　前に説明したように、監査役の業務は、計算書類および附属明細書等を監査し、監査報告を作成することなので、会社の計算書類として**財務3表（貸借対照表、損益計算書、キャッシュフロー計算書）**および会計を記録する**簿記**の知識が必要となります。
　もっとも、専門的な知識は必要ではなく、必要に応じて公認会計士・税理士等の専門家をうまく活用すれば、簿記2級程度

の知識があればよいでしょう。

自社の状況の把握が重要！

　このように、監査役の業務を行なうにあたっては、多くの知っておくべきことがありますが、何よりも大切なのは、「**自社の状況を全体的に知ること**」だといえます。

　たとえ監査の範囲を会計監査に限定していたとしても、計算書類として示される数字は日々の業務の結果を示したものにすぎません。

　監査役の業務の目標は、「会社運営が適法・公正に行なわれること」であり、日々の会社運営が適正に行なわれることがもっとも大切です。

　次章以降を読み進めて、監査役として会社の発展に貢献いただきたいと思います。

知っトク! COLUMN　顧問弁護士と監査役の兼任

　顧問弁護士として活動するなかで、ときどき、クライアントから「顧問弁護士が監査役を兼任することはできますか？」と尋ねられることがあります。

　歴史の長い同族会社で、監査役を務めていた親戚の方がお亡くなりになられて後任者を見つけられないときに、このようなご質問をいただきます。

　法律上、顧問弁護士が監査役を兼任することに特段の制限はありません。ですが、私は特別の事情がない限り兼任をお引き受けしないようにしています。

　顧問弁護士は、会社業務を担う取締役を法律的にサポートする立場にあります。もし、取締役が違法の疑いがある行為をしようとしていてもそれを止める権限はありません。

　他方、監査役は、取締役が会社に損害を与えかねない行為をしようとしていることを察知し、取締役と意見が対立した場合、最終的にその行為を止めさせる権限を持っています。

　このようなときに、顧問弁護士としての立場（取締役をサポート）と監査役の立場（取締役の違法をただす）にズレが生じてしまう可能性があるのです。

　このようなとき、私は信頼できる他の弁護士や会計士・税理士を監査役に迎えることをおススメしています。

　社外役員の積極的な導入を求める近年の会社法・会社実務の流れにも沿い、顧問弁護士にとっても会社のためになる最適解を導くことができる可能性が広がり歓迎されるべきことですので、積極的に検討いただきたいと思います。

（田中純一郎）

2章

中小企業の監査役のシゴト

執筆◎藤木 友太

2-1

監査役の仕事には
業務監査と会計監査の２種類がある

弁護士 「１章では、株式会社のしくみと監査役の役割について大枠を話してきました。いよいよ、監査役の仕事の中身について具体的に入っていきましょう」

監査役内定者 「会社の経営状況や従業員の仕事内容を幅広くチェックしなければならないのでしょうか。ちょっと不安だなぁ…」

弁護士 「安心してください。１章でも話したとおり、会社の規模によって監査役が注力すべき仕事の内容は変わってくるのです。その前提として、『業務監査』と『会計監査』という用語の意味を押さえておきましょう」

「業務監査」とは

　１章でも説明しましたが、監査役の仕事は、一般的に「業務監査」と「会計監査」という２つの領域に分けられます（22ページ参照）。企業の会計に関する事項についての監査を「会計監査」、それ以外のすべての事項についての監査を「業務監査」といいます。

　この定義からもわかるとおり、業務監査については、具体的な対象や範囲は確定していません。

　会社法にもとづいて取締役の職務の適法性をチェックし、違法行為があれば再考を促し、場合によっては行為を差し止めるというのが業務監査の目的ですが、このままでは抽象的でイメ

34

ージしづらいと思います。

　そこで、業務監査では、このような抽象的なイメージを具体化していくことが、一番最初に行なうべき業務とされています。

　すなわち、取締役と綿密なコミュニケーションを取りながら、企業の規模や業態、現在の経営状態など諸般の事情を踏まえつつ、自分の企業にどのようなリスクが潜んでいるかを推測して、そのリスクを監査のターゲット（**監査目標**）に設定することが、業務監査のスタート地点であるといわれています。

　監査目標の設定のしかたや、リスクが発見された場合に監査役がなすべき仕事の内容など、業務監査の詳しい流れについては、3章で説明していきます。

「会計監査」とは

　これに対し、「会計監査」とは、企業の会計に関する事項についての監査を行なうことを意味します。

　株式会社は、各事業年度ごとに、**計算書類（貸借対照表、損益計算書、株主資本等変動計算書、個別注記表）**および**事業報告**ならびにそれらの**附属明細書**を作成しなければならないとされています（会社法435条2項、会社計算規則59条）。

　そして、これらの書類については、監査役設置会社（ここでは会計監査限定の場合も含みます）では監査役の、会計監査人設置会社では監査役および会計監査人のチェックを受けなければならないとされています（会社法436条1項、2項）。

　監査役は、これらの会社法の定めにもとづき、計算書類等の書類がその企業の財産や損益の状況を適正に表示しているか、重要な虚偽の表示がないかをチェックします。これが「会計監査」です。

　このように、会計監査では、業務監査とは異なり、あらかじ

◎会計監査と業務監査の比較◎

会計監査	業務監査
●企業の会計に関する事項についての監査を行なう	●企業の会計以外の点に関する監査を行なう
●貸借対照表、損益計算書などの会計に関する書類が監査の対象（業務監査と異なり、監査のターゲットがあらかじめ決まっている）	●会社法にもとづき、取締役の業務の適法性をチェックし、違法行為があれば再考を促し、場合によっては行為を差し止める
●対象書類をチェックし、チェック結果を「監査報告」にまとめることが主な仕事となる	●企業の規模、業態、経営状態など諸般の事情を踏まえつつ、自分の企業に潜んでいるリスクを分析し、監査のターゲット（監査目標）を設定するところからスタートする

めチェックする対象が決まっています。それは、貸借対照表、損益計算書、株主資本等変動計算書、個別注記表という4種類の計算書類と事業報告、そしてそれらの附属明細書であり、重要な虚偽の表示が疑われる場合には、これらの書類のもととなった会計帳簿も監査の対象です。**ターゲットがあらかじめ決まっている**というのが、会計監査の大きな特徴ですね。

　会計監査を実施するにあたっては、ターゲットとなる書類にどのような種類があるのか、それぞれの書類の存在意義は何か、どのように読めばいいのかということを押さえておく必要があります。

　これについては、2－4項以下で詳しく説明していきます。

2-2 あなたの会社の監査役の仕事の範囲は？

監査役内定者「監査役には業務監査と会計監査という2種類の仕事がある、ということはわかりました。では、私の場合はどちらの仕事を担当すればいいのでしょう。会社の就業規則を見ればわかるのかな…」

弁護士「中小企業の場合、監査役の仕事の範囲は会計監査に限定されていることが多いと思います。このような『会計監査限定』があるかどうかは、就業規則ではなく、会社の定款などによってチェックすることが可能です。ここでは『会計監査限定』の制度について学んでいきましょう」

「会計監査限定」とは

「会計監査限定」とは、監査役の職務の範囲を、会社の会計に関する事項についての監査に限定することをいいます。

前項で解説したように、業務監査では、取締役の幅広い業務のなかから監査目標を具体的に特定していく必要があるのに対し、会計監査では、あらかじめ監査の対象が会計に関する事項に決まっています。この点において、業務監査よりも会計監査のほうが、仕事の範囲が明確で、かつ限定されているといえます。

日本の中小企業は、株主構成が同族を中心に限定されている非公開会社であることが多く、そのような会社では、代表者の親族など、必ずしも業務監査に慣れていない人が監査役に就任

するというケースが伝統的に多かったようです。

そこで、監査役の責任が重くなり過ぎないよう、職務の範囲を会計監査に限定することとしたのが、「会計監査限定」の制度なのです。

 ## 会社法ではどのように規定されているのか

会社法上、監査役の仕事内容に関する定めは、381条から389条までの9か条に規定されています。

その最初の条文である381条によれば、監査役の仕事は、「取締役…の職務の執行を監査する」ことであるとされており、業務監査と会計監査とを分けた記載はされていません。その後も388条までは、業務監査と会計監査の区別を意識したような規定は特にありません。

しかし、最後の条文である389条に、「公開会社でない株式会社（監査役会設置会社及び会計監査人設置会社を除く。）は、第381条第1項の規定にかかわらず、その監査役の監査の範囲を会計に関するものに限定する旨を定款で定めることができる」という規定が設けられており（会社法389条1項）、そのような定款の定めがある会社については、「第381条から第386条までの規定は…適用しない」と定められています（同条7項）。

このように、会社法は、381条から388条までの8か条で、業務監査と会計監査を特に区別しない規定を設けた後、最後の389条で、「会計監査限定」という特例的な制度を定めるという条文構成をとっています。

中小企業では当たり前とされている「会計監査限定」の制度は、実は、会社法上では特例的な制度として位置づけられているのです。

仕事の範囲は、時代とともに移り変わってきた

「会社法」は、平成17年（2005年）に制定された比較的新しい法律です。

この会社法が制定される前までは、企業・会社に関係する法律は、「商法」「商法特例法（株式会社の監査等に関する商法の特例に関する法律）」「有限会社法」など複数に分かれていました。

このうち「商法特例法」には、小会社（資本の額が1億円以下で、負債の額が200億円未満の会社）である株式会社の監査役の職務範囲は、会計監査に限定されるとの規定がありました。

また「有限会社法」では、有限会社は必ずしも監査役を置かなくてもよいとされ、任意に監査役を置いた場合でも、その職務範囲は会計監査に限定されると定められていました。

このように、現行会社法が制定される前までは、「中小企業の監査役の仕事は会計監査に限られるのが原則」というスタンスが採用されていた時代があったのです。

その後、企業を取り巻く環境や国際情勢が大幅に変化し、新しい時代に即した会社制度を構築するために現行会社法が制定され、監査役の役割に対するスタンスも切り替わったわけですが、中小企業が企業総数の99パーセント以上を占める日本社会においては、いまなお「監査役の仕事といえば会計監査である」との見方が一般的とされているように思います。

 ## 「会計監査限定」の有無の確認方法①

【定款のチェック】

ここからは、あなたの会社の監査役の職務範囲が会計監査に

◎監査役の仕事の範囲についての法改正の流れ◎

【明治23年（1890年）】
旧商法制定。わが国において初めて株式会社に関する法制度が
創設された。その制度内容の一つとして、監査役という地位も
設けられた。当時の監査役の仕事内容には、業務監査と会計監
査の両方が含まれていた。

【昭和25年（1950年）】
商法改正。アメリカやイギリスの会社法制を見習い、取締役（会）
の権限を強化する改正が行なわれた。従来、監査役が担当して
いた業務監査権限についても、取締役（会）に移譲されること
となった。これによって、監査役の仕事内容は、会計監査に限
られることとなった。

【昭和49年（1974年）】
商法改正、商法特例法（株式会社の監査等に関する商法の特例
に関する法律）制定。大会社の監査役に限り、業務監査権限が
再度付与されることとなった。

【平成17年（2005年）】
会社法制定。すべての株式会社の監査役について、業務監査と
会計監査の両方の権限をもつことが原則とされた。ただし例外
的に、公開会社でない株式会社（監査役会設置会社および会計
監査人設置会社を除く）は、監査役の権限を会計監査に限るこ
とができるとされた。

限定されているかどうか、つまり会計監査限定の有無をチェッ
クする方法について学んでいきましょう。
　会社法上、会計監査限定を採用することのできる株式会社は、
「公開会社でない株式会社（監査役会設置会社および会計監査

人設置会社を除く）」とされています（会社法389条1項）。

つまり、すべての株式について譲渡制限（同法107条1項1号）が設けられていることと、監査役会や会計監査人が設置されていないことが、会計監査限定を採用するための前提条件となります。このうち譲渡制限に関する事項は、定款の記載事項とされています（同法107条2項1号）。

また、会計監査限定を採用する場合には、「定款で定めることができる」とされています（同法389条1項）。

このように、会計監査限定の有無は、まずは定款をチェックすることによって確認することが可能です。

なお、株式会社は、定款を本店および支店に備え置かなければならないとされています（同法31条1項）。

「会計監査限定」の有無の確認方法②

【登記事項証明書のチェック】

定款のほかにも、会社の登記事項証明書を確認することによって、会計監査限定の有無をチェックすることが可能です。

平成26年（2014年）の会社法改正により、「監査役の監査の範囲を会計に関するものに限定する旨の定款の定めがある株式会社であるときは、その旨」を登記しなければならないことと定められ、会計監査限定の登記が義務化されました（会社法911条3項17号イ）。

この改正法は、平成27年（2015年）5月1日から施行されています。そのため、同年5月1日以降、新たに設立された株式会社や、新たに会計監査限定の定めを設けることとなった株式会社については、登記事項証明書を調べることによって会計監査限定の有無を確認することができます。

◎登記事項証明書の例◎

履歴事項全部証明書

東京都千代田区‥‥‥
株式会社B社

会社法人等番号	００００－００－００００００	
商　　号	株式会社B社	
本　　店	東京都千代田区・・・	
公告をする方法	官報に掲載してする	
会社成立の年月日	平成１８年６月１日	
目　　的	１　電子機械部品の製造及び販売	
発行可能株式総数	４０００株	
発行済み株式の総数並びに種類及び数	１０００株	
資本金の額	金５０００万円	
株式の譲渡制限に関する規定	当会社の株式は、取締役会の承認がなければ譲渡することができない。	
役員に関する事項	取締役　　　甲　野　太　郎	
	取締役　　　甲　野　太　郎	平成３０年６月28日重任
		平成３０年７月３日登記
	取締役　　　乙　野　次　郎	
	取締役　　　乙　野　次　郎	平成３０年６月28日重任
		平成３０年７月３日登記
	取締役　　　丙　野　三　郎	
	取締役　　　丙　野　三　郎	平成３０年６月28日重任

		平成３０年７月３日登記
	東京都港区‥‥‥ 代表取締役　甲野太郎	
	東京都港区‥‥‥ 代表取締役　甲野太郎	平成３０年６月28日重任 平成３０年７月３日登記
	監査役　　　丁野四郎	
	監査役　　　丁野四郎	平成３０年６月28日重任 平成３０年７月３日登記
	監査役の監査の範囲を会計に関するものに限定する旨の定款の定めがある	平成３０年７月３日登記
取締役会設置会社に関する事項	取締役会設置会社	
監査役設置会社に関する事項	監査役設置会社	
登記記録に関する事項	設立	平成１８年６月１日登記

この部分を見れば、「会計監査限定」の定めが設けられていることがわかります。

「会計監査限定」の有無の確認方法③

【定款や登記事項証明書に記載がなくても、会計監査限定が採用されている場合がある！】

　会計監査限定の有無をチェックするための方法として、「定款」と「登記事項証明書」という２種類の方法があることを説明しましたが、実は、以下に述べるような会社については、こ

れらの方法によっては会計監査限定の有無を調べることができないので、注意が必要です。

①有限会社の場合

前述したように、「有限会社法」では、有限会社は必ずしも監査役を置かなくてもよいとされ、任意に監査役を置いた場合でも、その職務範囲は会計監査に限定されると定められていました。

「有限会社法」は、平成17年（2005年）に制定された現行会社法が翌平成18年（2006年）5月1日に施行されたのと同時に、廃止されることとなりました。

しかし、それと同時に施行された「整備法（会社法の施行に伴う関係法律の整備等に関する法律）」によって、その後も有限会社の名称を使用する会社については、従来の有限会社法上の規律の一部が適用され続けるということになりました。

これにより、現在も有限会社の名称を用いている会社では、監査役の職務範囲は、当然に会計監査に限定されているということに（整備法24条）なるため、必ずしも定款に会計監査限定の定めが記載されておらず、また登記事項証明書を見ても確認することができないというわけです。

②「商法特例法」のもとで小会社（資本の額が1億円以下で、負債の額が200億円未満の会社）とされていた株式会社の場合

これも前述したように、「商法特例法」には、小会社である監査役の職務範囲は、当然に会計監査に限定されるとの規定がありました。

この「商法特例法」も、平成18年（2006年）5月1日の現行

会社法の施行と同時に廃止されましたが、前述の「整備法」のなかに、商法特例法下の規定も一部盛り込まれることとなりました。

整備法53条には、旧小会社の定款には「会社法389条第１項の規定による定め（つまり、会計監査限定の定め）があるものとみなす」と規定されています。そのため、商法特例法のもとで小会社とされていた株式会社については、定款に定めがなくても、会計監査限定が採用されているということになります。

ただし、会社法389条１項は、「公開会社でない株式会社」に限って適用されるものなので、旧小会社といえども公開会社である場合には、会計監査限定の定めがあるものとはみなされません。

なお、旧小会社が平成27年（2015年）５月１日以降に監査役を変更した場合には、前述の会計監査限定登記の義務化の影響で、新たに就任する監査役について会計監査限定の登記が必須となるので、その場合には登記事項証明書によって会計監査限定の有無をチェックすることができます。

2章

中小企業の監査役のシゴト

45

2-3

会計監査の目的を押さえよう

弁護士 「2－1項では業務監査と会計監査の区別、2－2項では会計監査限定の定めのチェック方法について学んできましたが、ここまでは前置きです」

監査役内定者 「いよいよ、中小企業の監査役の中心的仕事である『会計監査』の中身を学んでいくわけですね」

弁護士 「そのとおりです。まずは『会計監査』とは何のために行なうのか、自分の仕事の意義をハッキリと認識しておかなければいけないですね」

「監査基準」に記載された会計監査の定義

　会計監査という仕事の意義を知るためには、まずは会計監査という言葉の定義からスタートするのが有益です。

　2－1項で、会計監査とは、会社の会計に関する事項についての監査を行なうことを意味する、と説明しました。これをさらに掘り下げてみましょう。

　わが国における会計監査の最高峰の専門家である公認会計士は、金融庁・企業会計審議会の定める「**監査基準**」を遵守しなければならないとされています。いわば会計監査の「憲法」のような存在です。この「監査基準」の第一文には、次のような定めがあります。

「財務諸表の監査の目的は、経営者の作成した財務諸表が、

46

> 一般に公正妥当と認められる企業会計の基準に準拠して、企業の財政状態、経営成績及びキャッシュ・フローの状況をすべての重要な点において適正に表示しているかどうかについて、監査人が自ら入手した監査証拠に基づいて判断した結果を意見として表明することにある。」

会計監査とは「財務諸表」をチェックすること

　この定義のなかで最も重要なのは、企業の「財務諸表」が、「財政状態、経営成績及びキャッシュ・フローの状況をすべての重要な点において適正に表示しているかどうか」をチェックするという点です。

　「財務諸表」が具体的にどのような書類のことを指すのかについては、2-4項以下で詳しく説明していきます。ここではひとまず、企業の成績通知表のようなものだと理解してください。

　そして、会計監査の目的は、この財務諸表が、「企業の財政状態、経営成績及びキャッシュ・フローの状況をすべての重要な点において適正に表示しているかどうか」をチェックするということです。

　簡単に言い換えれば、企業の成績通知表の内容が、重要な点において間違っていないかどうか、つまり**内容に致命的なミスがないかどうかを確認する**ということが、会計監査という仕事の目的なのです。

財務諸表の重要性と監査役のかかわり

　学校の成績通知表は、親や進学先などの関係者に開示されますね。これと同様に、企業の成績通知表である財務諸表も、株

主・銀行・取引先などさまざまな**利害関係人に対して開示され**ることを念頭に置いて作成されます。

この内容が間違っていると、利害関係人はその企業が持っている実際の収益力や財産状況、倒産リスクなどの各種ステータスがわからず、適切な取引ができなくなってしまいます。財務諸表が適正に作成されているかどうかは、あらゆる利害関係人にとってきわめて重要なことなのです。

ところで、学校の成績通知表は、学生本人ではなく、担任の先生という第三者によって作成されます。学生本人がもっと自分の成績をよく見せたいと思ったとしても、通知表に手を加えることはできないため、本人の恣意によって通知表の中身が書き換えられることはありません。そのため、両親や進学先などの関係者は、安心して通知表の内容を確認することができます。

これに対し、企業の成績通知表である財務諸表は、建前上はその企業自身が作成するものとされています。いわば**企業の自己評価**であり、その自己評価の結果が、株主・銀行・取引先などの利害関係人に対して開示されるのです。

そのため、利害関係人の立場からすると、企業が自身の成績をよく見せようとお手盛りしているのではないか、という心配はどうしてもつきまとってきます。

そこで重要となってくるのが、監査役による会計監査というプロセスなのです。

監査役は、企業の自己評価結果である財務諸表が、その企業の実際のステータスを適正に反映しているかどうかを、企業から独立した立場に立ってチェックし、その結果を監査報告書という書面にまとめます。

このようなプロセスを経ていることによって、利害関係人は、第三者の客観的なチェックの入った財務諸表を手にすることが

でき、ある程度安心して融資等の取引をすることができるようになるのです。

「すべての重要な点において適正に表示」とは何か？

　もっとも、2-4項以下で述べるように、財務諸表は、企業の1年間の経済活動のすべてを記録したものであり、1年間に企業が行なったすべての取引が基礎となって作成されるものです。そのため、一つひとつの取引を個別に確認していくことは、監査役という個人の能力では到底不可能です。

　また、監査役が財務諸表の内容をチェックするため、企業に対して各種取引に関する資料の提出を求めても、そのような資料が存在しない場合も多いですし、資料自体に実体と異なる内容が含まれている場合もあります。

　このような理由から、会計監査という仕事には、おのずから限界があるというのは致し方ないことです。それでも監査役に、財務諸表の内容の適正性について全責任を負わせようとすれば、誰も監査役になるはずがありません。

　そこで、会計監査の定義には、「財政状態、経営成績及びキャッシュ・フローの状況を**すべての重要な点において適正に表示しているかどうか**」という文節が加えられています。

　どういうことかというと、監査役は、会計監査という仕事に取り組む際には、財務諸表を手にする**利害関係人の判断を誤らせるような重大な誤りがないかどうか**という観点から、財務諸表をチェックすればよいのです。

　利害関係人の判断には関係しないような些末な部分についてまで目を通さなければならない、というわけではありません。

　本書は、これから監査役になって会計監査に携わろうとしている方を対象に書かれたものです。2-4項以下で説明する内

容は、上述のような「重要な点」をチェックするために必要となる基本的な会計知識をまとめたものです。企業の経理部の業務などを通じてすでにある程度ご存知の方もいらっしゃると思いますが、監査役の職責を全うするために、いま一度目を通して基礎を固めていただければと思います。

「一般に公正妥当と認められる会計基準」とは何か？

　もう少し会計監査の定義を深掘りしていきます。

　前述の定義のなかに「**一般に公正妥当と認められる会計基準**」という文節が出てきますので、これについて見ていきましょう。

　「一般に公正妥当と認められる会計基準」というのは、簡単な言い方をすれば、企業のステータスの「表わし方」についての基準と考えることができます。

　前述のように、会計監査の目的は、通知表（財務諸表）をもって、利害関係人に対して企業のステータスを適正に開示することにあります。

　しかし、財務諸表は各企業がそれぞれ個別に作成するものなので、ある程度データの表わし方を統一しておかなければ、企業同士の比較をすることはできません。

　比較ができなければ、どの企業と取引をするのが適切か、その企業が他と比べてどのような実力を持っているのかについて判断がつきませんし、そもそも、表示されたステータスが正しいのかということすらも、客観性がないためわからないのです。

　したがって、これから監査役になって会計監査に携わろうとしている方は、自分の会社がどのような基準にもとづいて財務諸表を作成しているのかを把握しておく必要があります。

　わが国では、企業が採用可能な会計基準として、「日本会計基準」「米国会計基準」「ＩＦＲＳ（International Financial

Reporting Standardsの略、国際会計基準)」「J-IFRS」という4つの基準があげられています。ただし、中小企業の特性に配慮し、より簡便的な方法が認められることもあります。

詳しい内容は、日本公認会計士協会・日本税理士連合会・日本商工会議所・企業会計基準委員会の4団体が公表した「中小企業の会計に関する指針」と、中小企業の会計に関する検討会が策定した「中小企業の会計に関する基本要領」を確認してみてください。

会計監査の目的をまとめると

以上が会計監査に携わる監査役にとって最も基礎的な知識であり、会計監査の「心がまえ」といえるものです。

改めてこの項で説明したポイントを整理しておきましょう。

- 会計監査の目的は、企業の成績通知表たる「財務諸表」の適正性をチェックすることである
- 財務諸表の「重要な点」に虚偽の表示がないかどうかをチェックするのが監査役の仕事である
- 財務諸表が「一般に公正妥当と認められる会計基準」に沿って作成されているかどうかという観点からチェックを行なう

次項からは、これらのポイントに関する具体的な知識を学んでいきますが、学習の途中でときどきこの項に立ち返り、常に会計監査の目的を意識しながら学びを深めていくよう心がけていきましょう。

2-4

会計監査の対象となる書類にはどのようなものがあるか

弁護士　「これまで『財務諸表』という言葉が何度も出てきましたが、これが会計監査の主な対象である、ということは理解できましたか？」

監査役内定者　「はい。会計監査という仕事の意義から説き起こしていったことで、『財務諸表』がとても重要な位置づけにあることはよくわかりました。しかし、『財務諸表』と一口に言っても、具体的にはどのような書類のことを指すのでしょうか？　1章に出てきた『計算書類』とか、仕事上よく耳にする『決算書』などとは違うのですか？」

弁護士　「よいところに気がつきましたね。いずれも企業会計によく出てくる言葉ですが、これら3つの単語が指し示す内容には、若干の違いがあるのです。とはいえ、大きな差異があるわけはないので、監査役としては、具体的にどんな書類をチェックすればいいのかを押さえていることが重要です」

「財務諸表」の役割

2-3項で、「財務諸表」とは企業の成績通知表のようなものであると説明しましたが、その役割を改めて学んでいきましょう。

財務諸表とは、企業の利害関係人に対し、その企業の一定期間（一般的には1年間）の活動の成果と期末の財政状態を報告

52

するための書類です。

　株主・銀行・取引先などの利害関係人は、企業の株式の売買、企業との間の融資等の取引、企業に対する徴税を行なうにあたり、その企業の経営状況や財産状況などの各種ステータスがどのようになっているかを確認したうえで意思決定を行なっています。

　ステータスがわからなければ、あるいは表示のされ方が不適切であれば、その企業を信用することはできず、友好的な利害関係を持とうとする者は現われません。

　財務諸表は、企業が経済社会における一主体として活動を継続していくために必要不可欠な書類なのです。

「財務諸表」と「計算書類」「決算書」

　「財務諸表」と似た用語として、「計算書類」や「決算書」という言葉が使われることがあります。これら3つの用語は、基本的には同じものを指していると考えておいて問題はありません。

　ただし、「計算書類」と「財務諸表」については、以下に述べるような若干の違いがありますが、やや込み入った話になるので、以下の①〜④については読み飛ばしても差し支えありません。

　重要なのは結局、**監査役が目を通すべき書類とは具体的に何なのか**を押さえるということなので、早く読み進めていきたい方は57ページの「まとめ」までスキップしていただければと思います。

①計算書類は会社法上の用語

　はじめに「計算書類」について見ていきましょう。

「計算書類」は、会社法435条以下に登場する用語です。同条2項には、「株式会社は、法務省令で定めるところにより、各事業年度に係る計算書類（貸借対照表、損益計算書その他株式会社の財産及び損益の状況を示すために必要かつ適当なものとして法務省令で定めるものをいう。以下この章において同じ）及び事業報告並びにこれらの附属明細書を作成しなければならない」と規定されています。

また、同項にいうところの「法務省令」である会社計算規則の59条1項には、「法第435条第2項に規定する法務省令で定めるものは、この編の規定に従い作成される株主資本等変動計算書及び個別注記表とする」と定められています。

つまり、「計算書類」とは、**貸借対照表、損益計算書、株主資本等変動計算書、個別注記表の4つの書類**のことを指す、ということになります。

②財務諸表は法律ではなく会計学がルーツ

これに対し、「財務諸表」は、法律ではなく企業会計の分野で伝統的に用いられてきた言葉です。そのため、会社法その他の法律のなかには、"財務諸表イコールこの書類"というような明確な規定は存在しません。

あえて広く定義するとすれば、2−3項で説明した「一般に公正妥当と認められる会計基準」にもとづいて作成すべきものとされている書類、ということができます。

そのため、どの会計基準を採用するかによって、作成すべき財務諸表の具体的内容が変わってくることになります。

わが国の会計基準では、従来から、**貸借対照表**と**損益計算書**の2つが財務諸表に含まれることは明らかでした。しかし、近年の国際化の潮流や会社法制定による制度の移り変わりの影響

を受け、金融庁（当時は大蔵省）・企業会計審議会は、平成10年（1998年）に「連結キャッシュ・フロー計算書等の作成基準」を、平成17年（2005年）に「株主資本等変動計算書に関する会計基準」を、それぞれ制定しました。

　これによって、**キャッシュ・フロー計算書**と**株主資本等変動計算書**という２つの書類が、新たに財務諸表のなかに加わることとなったと評価されています。

③計算書類と財務諸表の比較

　さて、ここまでの内容を振り返ってまとめてみると、「計算書類」と「財務諸表」のそれぞれに含まれる具体的な書類は、下表のように若干異なっていることがわかります。

◎計算書類と財務諸表の対比表◎

【計算書類】 ＝会社法435条２項に規定されている書類	【財務諸表】 ＝「一般に公正妥当と認められる会計基準」にもとづいて作成すべきものとされている書類
●貸借対照表 ●損益計算書 ●株主資本等変動計算書 ●個別注記表	●貸借対照表 ●損益計算書 ●株主資本等変動計算書 ●キャッシュ・フロー計算書

　貸借対照表・損益計算書・株主資本等変動計算書の３つの書類は共通していますが、「個別注記表」という書類は、計算書類には含まれるものの財務諸表には含まれません。逆に、「キ

ャッシュ・フロー計算書」という書類は、財務諸表には含まれているものの、会社法上作成が求められている計算書類には含まれていないということになります。

　「**個別注記表**」とは、その企業が採用する会計方針の重要な点や、貸借対照表・損益計算書・株主資本等変動計算書の作成方法に関するルール等、いわゆる**注釈を一つにまとめた書類**です。

　それ自体は、企業のステータス（数値）を表示するものではないため、財務諸表には含まれませんが、その企業が拠って立つ会計基準を明らかにするためのものなので、利害関係人に対して開示すべき重要な書類ということで、会社法上作成が義務づけられています。

　一方、「**キャッシュ・フロー計算書**」とは、平成12年（2000年）頃からわが国の会計基準に含まれるようになった財務諸表の一種です。くわしくは2－7項で説明しますが、基本的には上場企業が作成する書類であり、中小企業がキャッシュ・フロー計算書を作成する義務はありません。

　ただし、最近は中小企業であってもキャッシュ・フロー計算書の有益性が注目されつつあり、これを作成している中小企業は増えつつあるようです。

④決算書は日常用語

　最後に「決算書」という言葉についてですが、これは法律用語でも、会計学の用語というわけでもありません。「会社の決算にあたって作成される書類」という程度の意味であり、計算書類と財務諸表のことを指す日常用語として理解しておけばよいでしょう。

まとめ──会計監査の対象となる書類

　以上をまとめると、会計監査において監査役がチェックすべきこととされている「財務諸表」や「計算書類」には、具体的に以下の書類が含まれていることになります。

①貸借対照表
②損益計算書
③株主資本等変動計算書
④個別注記表
⑤（作成されている場合は）キャッシュ・フロー計算書

　ただし、監査役はこれらの書類だけに目を通しておけば十分かというと、実際にはそうではありません。
　前述した会社法435条2項には、計算書類以外にも「**事業報告**」や「**附属明細書**」という書類もあげられているため、これらもチェックしておく必要がありますし、計算書類（財務諸表）を作成する基礎となった**会計帳簿**（総勘定元帳、仕訳帳等）などを確認すべき場合も考えられます。
　しかし、2-3項で述べたように、監査役の仕事は**財務諸表の「重要な点」に虚偽の表示がないかどうか**をチェックすることにあります。
　まずは、この「重要な点」とは何なのかを押さえておかなければ、不必要な書類のチェックにばかり時間を取られ、肝心な点を見失ってしまうリスクがあります。
　したがって、これから監査役に就任して会計監査に携わろうとしている方にとって最も大切なことは、会計監査の基本である前述の各種書類の意義や構造を理解し、**「重要な点」を見抜**

く力を高めておくことだと考えられます。

　本書では、前ページの5つの書類のなかで、監査役が特にチェックすべきとされている「**財務3表**」、すなわち、貸借対照表、損益計算書、キャッシュ・フロー計算書の3つを取り上げ、それらの書類を作成する意義は何なのか、各書類がそれぞれどのような構造になっているのかについて、各書類間の関係性も意識しつつ具体的に見ていくこととしましょう。

2-5 貸借対照表（B／S）の役割としくみ

弁護士「財務諸表のうち、貸借対照表、損益計算書、キャッシュ・フロー計算書の3つを『財務3表』と呼ぶことがあります。会計監査に携わる監査役にとっても特に重要な書類です。この項から2－7項にかけて詳しく見ていきますが、まずは貸借対照表について具体的に学んでいきましょう」

監査役内定者「たくさんの項目があるみたいですけれど、貸借対照表というのは、最終的には左側と右側の合計金額が同じになるんですよね」

弁護士「そのとおりです。左右のバランスが常にとれているから『バランス・シート』とも呼ばれる貸借対照表ですが、そもそも何で左右のバランスがとれるのか、という原理原則から学んでいくと、貸借対照表を読むことがどんどん得意になっていくと思いますよ」

貸借対照表（B／S）とは

「貸借対照表」とは、企業のある**一定の時点**（一般的には事業年度末）**における財政状態**を表示する財務諸表です。英語では「Balance Sheet」（バランス・シート）と訳され、その頭文字をとって「B／S」といわれることもあります。

その名のとおり、左側の合計と右側の合計が同じ金額になる、つまり左右のバランス（均衡）がとれているからバランス・シートと呼ばれています。

それでは、なぜ貸借対照表の左右の金額は常に一致しているのでしょうか？　その答えにたどり着くためには、貸借対照表の左側と右側の意味を理解しておく必要があります。

 ## 貸借対照表がバランスする理由

　企業は、①資金を調達し、②調達してきた資金を運用し、③利益を上げる、というプロセスを繰り返すことによって維持・成長・発展していきます。

　貸借対照表は、このうちの①と②を表わすための書類といえばわかりやすいと思います。

◎貸借対照表の記載項目の例◎

【借　方】 ＝資金の保有形態を表わす	【貸　方】 ＝資金の調達源泉を表わす
資産の部 　流動資産 　　現金及び預金 　　売掛金 　　棚卸資産 　固定資産 　　有形固定資産 　　無形固定資産 　繰延資産 　　開発費	負債の部 　流動負債 　　買掛金 　　短期借入金 　固定負債 　　長期借入金 純資産の部 　資本金 　資本剰余金 　利益剰余金

　上の図は、貸借対照表のなかに記載される項目の例です。左側を「**借方**」（かりかた）、右側を「**貸方**」（かしかた）と呼び、

借方のなかには「**資産の部**」が、貸方のなかには「**負債の部**」と「**純資産の部**」が入ります。

このような構造と各部の名称は、会計の基本であるため、ぜひ覚えておいていただきたいのですが、大事なのは暗記することではなく、それぞれの箇所が何を表わしているのかを理解することです。

貸借対照表の右側＝貸方には、①企業がどこから資金を調達してきたかという**資金の調達源泉**が示されています。

他人から借りてきた資金（いつかは返さなければならない資金）は「負債の部」に、企業が自ら調達してきた資金（返す必要のない資金）は「純資産の部」に、それぞれ記載されます。

そして、貸借対照表の左側＝借方には、②このように調達してきた資金を、現在どのような形で運用しているかという**資産の保有形態**が示されています。

たとえば、現金や預金のまま取っておくこともあれば、仕入れに使って商品（棚卸資産）という形に変えたり、機械や不動産などの設備に投資したりと、調達した資金はさまざまな財産形態に姿を変えていきます。

しかし、調達した資金は、その後何らかの経済活動がなされない限りは、額面上はその金額のまま何らかの財産の形で企業内に残っています。そのため、貸方（資金の調達源泉）と借方（資金の運用形態）の金額は一致します。

また、企業が経済活動を行なった結果、利益を得る（保有する資産が増える）こともあれば、損失を出す（保有する資産が減る）こともあります。

この場合には、資産の部の金額が増えたり減ったりするわけですが、同時に、純資産の部の「利益剰余金」の部分も、利益や損失の分だけ増えたり減ったりします。そうやって結局、借

方と貸方の金額が一致することになるのです。

資産の分類──流動資産、固定資産、繰延資産

「資産の部」は、大まかに「**流動資産**」「**固定資産**」「**繰延資産**」の3項目に分類されます。

まず「流動資産」と「固定資産」の分類に着目してみましょう。どのような財産が「流動」、どのような財産が「固定」と区分されるのでしょうか。

ここでは、「**営業循環基準**」と「**1年基準**」(ワン・イヤー・ルール)という2つの分類基準を押さえておくことが重要です。

①営業循環基準

「営業循環基準」とは、**企業の正常な営業活動のサイクルのなかで発生する資産を「流動資産」、それ以外の資産を「固定資産」**として分類するという基準です。

企業は、現金を使って商品を製造あるいは購入し、その商品を販売して現金を手に入れる、というサイクルを日々繰り返しています。

現金ではなく、預金や手形・小切手を使って仕入れや販売を行なうこともありますし、その場で代金の受け渡しを行なわずに「掛」(かけ)で取引を行なうこともあるでしょう。これが正常な営業活動のサイクルです。

このような営業活動サイクルのなかには、「現金」「預金」「商品」「手形」「小切手」「売掛金」などの財産が登場してきます。これらが「流動資産」に区分される資産というわけです。

反対に、このような営業活動サイクルのなかに直接登場しない財産(営業活動サイクルを支える財産)、たとえば「土地」「建物」「車両運搬具」などの財産は、「固定資産」に区分されるこ

◎流動資産と固定資産の区分◎

「資産の部」の流動・固定の分類基準 =①営業循環基準、②１年基準（ワン・イヤー・ルール）	
【流動資産】 =①企業の営業活動サイクルのなかで発生する資産、または、②１年以内に現金化される予定の財産	**【固定資産】** =①企業の営業活動サイクルのなかに登場せず、かつ、②現金化するまでに１年を超える資産
＜勘定科目の例＞ ●現金 ●普通預金 ●当座預金 ●売掛金 ●受取手形 ●商品 ●売買目的有価証券 ●短期貸付金	＜勘定科目の例＞ ●土地 ●建物 ●車両運搬具 ●工具器具及び備品 ●借地権 ●特許権 ●子会社・関連会社株式 ●長期貸付金

ととなります。

②１年基準（ワン・イヤー・ルール）

次に、「１年基準」（ワン・イヤー・ルール）とは、**１年以内に現金化される予定のものを「流動資産」、現金化までに１年を超えるものを「固定資産」として分類するという基準**です。

営業循環基準だけでは、貸付金や有価証券など、営業活動とは直接関係のない資産について流動・固定を区分することが困

難なので、補助的にこの1年基準が用いられているというわけです。

したがって、まずは営業循環基準にもとづき営業活動サイクルのなかで発生する資産か否かを確認し、サイクルのなかで発生しないものについては、1年以内に現金化される予定か否かを確認して、流動資産と固定資産とを区別するということになります。

このように、「流動資産」は、言い換えれば**現金化しやすい資産**ということでもあります。

企業にとって現金は血液のようなものです。血液（現金）が足りないと、どんなに体格の大きい人（資産の多い企業）であっても倒れてしまう（倒産）、という危険があります。

後述の2－7項や2－8項でも詳しく述べますが、流動資産、特に現預金の保有量・保有率に関しては、常に意識をしておくことが肝要です。

なお、資産の部には「**繰延資産**」という項目もあります。これは、企業の創立費や新技術の開発費など、支出した効果が1年以上の長期間にわたって発揮される費用を一時的に資産として計上することを認めたものです。

本来は2－6項で説明する損益計算書のなかに含まれるべき「費用」ですが、損益計算書は1年間の経営成績を表わすものなので、1年以上の長期間にわたって効果を発揮するものはいったん「資産」として計上しておき、毎年少しずつ「費用」に移し替えていく、というものです。

詳しくは、簿記の解説書に譲ることとします。

負債の分類——流動負債と固定負債

次に「負債の部」についての説明に移ります。

◎流動負債と固定負債の区分◎

「負債の部」の流動・固定の分類基準 ＝1年基準（ワン・イヤー・ルール）	
【流動負債】 ＝1年以内に支払期限の到来する債務	**【固定負債】** ＝支払期限まで1年超の期間がある債務
＜勘定科目の例＞ ●買掛金 ●支払手形 ●短期借入金	＜勘定科目の例＞ ●長期借入金 ●社債 ●退職給付引当金

「負債の部」は、大まかに「**流動負債**」と「**固定負債**」の2項目に分類されますが、その分け方は「**1年基準**」（ワン・イヤー・ルール）のみで判断します。

つまり、1年以内に支払期限の到来する債務は「流動負債」、支払期限まで1年超の期間がある債務は「固定負債」、というように分類されるのです。営業循環基準と1年基準を併用する「資産の部」とは異なるので注意が必要です。

「負債の部」は、次に説明する「純資産の部」と併せて、資金の調達源泉を示す箇所です。

「負債の部」と「純資産の部」の違いは、最終的に他人に返済しなければならない資金（**他人資本**）か、自分のものになったため返済する必要のない資金（**自己資本**）か、という点にあります。

返済は原則としてキャッシュで行なわなければならないので、特に他人資本の割合が多い企業ほど、十分なキャッシュを有しているかどうかについて、気を配る必要があります。

このような負債とキャッシュの関係性、負債と自己資本の関係性については、2－8項で説明するような経営分析の手法を用いて数字で把握しておくことが大切です。

純資産の分類──「元手」と「もうけ」

　最後に「純資産の部」について説明します。
　前述のとおり「純資産の部」は、自己資本、すなわち企業が自ら調達してきた資金（返す必要のない資金）を記載する箇所です。
　自己資本は、最も簡単な分け方をすると、「元手」と「もうけ」の2つに分類することができます。
　「元手」は、経営活動の原資とするために株主などから調達してきた資本であり、代表的な勘定科目は「資本金」「資本準備金」などです。
　これに対して「もうけ」は、経営活動の結果、得られた利益のことであり、代表的な勘定科目は「繰越利益剰余金」などです。
　なぜ「元手」と「もうけ」を分けて計上しておく必要があるのでしょうか。
　それは、会社法上、株式会社が株主に対する配当をする場合には、原則として「もうけ」のなかから配当しなければならず、「元手」に手をつけることは原則として認められていないからです。
　会社法上、株式会社の重要な原則の一つに「**資本維持の原則**」というものがあります。株式会社は、多数の者から出資を集めることを可能にするために、株主有限責任（株主は出資した金額以上の責任を負わない）というシステムが採用されています。

これは、株主にとっては有利ですが、会社に融資をしたり取引をしようとする債権者の立場からすれば、株主個人から債権を回収することができないため、会社に十分な財産が残っているかどうかが重要な関心事となります。

　そこで、会社の財産を確保するために、会社に出資された元手に相当する財産は、株主への配当へは回さず、会社に維持されるようにしておかなければならないという「資本維持の原則」が採用されているのです。

　そのため、株式会社が株主に対する配当を行なおうとする場合には、会社法461条2項の定めにもとづいて算定される「分配可能額」を遵守しなければならないとされており、この分配可能額の中核となるのは「剰余金」、すなわち「もうけ」に相当する部分が原則とされているのです（会社法446条）。

　「純資産の部」にはさまざまな勘定科目があるので、ぜひ簿記（2級以上）の学習を通じてマスターしていただきたいところですが、まずは「純資産の部」が大まかに「元手」と「もうけ」に分類できるということと、そのような分類をすべき理由について押さえておいていただければ大丈夫です。

 まとめ──貸借対照表を読むポイント

　最後に、この2-5項で学んできたことのポイントをまとめておきましょう。

- ●企業は、①資金を調達し、②調達してきた資金を運用し、③利益を上げる、というプロセスを繰り返すことによって維持・成長・発展していく。貸借対照表は、このうちの①と②を表わすための書類である。
- ●貸借対照表の右側＝貸方には、①企業がどこから資金を

調達してきたかが示されている。他人から借りてきた資金（いつかは返さなければならない資金）は「負債の部」に、企業が自ら調達してきた資金（返す必要のない資金）は「純資産の部」に、それぞれ記載される。

● 貸借対照表の左側＝借方には、②調達してきた資金をどのような形で保有しているかが示されている。これが「資産の部」である。

● 「資産の部」を見る際には、流動資産と固定資産の区別に気をつける。営業循環基準と１年基準（ワン・イヤー・ルール）の２つの基準を用いて流動と固定を分類する。

● 「負債の部」を見る際には、流動負債と固定負債の区別に気をつける。こちらは１年基準（ワン・イヤー・ルール）のみによって流動と固定を分類する。

● 「純資産の部」を見る際には、「元手」と「もうけ」の区別に気をつける。「元手」に相当する財産は債権者保護のために会社に維持しておかなければならないため、株主への配当は原則として「もうけ」の金額のなかから実施される。

　いかがでしたでしょうか。この２－５項から２－７項までで学ぶ財務３表は、細かい科目のことを含めて詳しく知っておくことが監査役としては必要不可欠ですが、まずは本書で説明しているような原理原則を押さえておくことが、財務３表を使いこなせるようになるための第一歩です。

　まだまだ先は長いですが、引き続き、損益計算書の学習に移っていきましょう。

68

2-6 損益計算書（P／L）の役割としくみ

監査役内定者「貸借対照表の各項目について、考え方の原理原則から教えていただいたので、だんだんと自信をもって読めるようになってきました。続いて損益計算書の勉強も頑張ります！　でも、そもそも貸借対照表と損益計算書ってどう違うのでしょうか？」

弁護士「損益計算書は、ある一定期間に企業が行なった経営活動の成果をまとめたものです。ある一定時点の財産状況をまとめた貸借対照表とは異なり、期間を通じた活動結果を数値化したものなので、企業の成績が最もよく表わされている財務諸表ですね。これも、とても重要な書類なので、じっくりと学んでいきましょう」

 損益計算書（P／L）とは

「損益計算書」とは、企業がある**一定期間に生み出した利益**（Profit）**や生じさせた損失**（Loss）の額を表わすための財務諸表です。英語では「Profit and Loss Statement」と訳され、ProfitとLossの頭文字をとって「P／L」といわれることもあります。

　2－5項において、企業は、①資金調達、②運用、③利益獲得というプロセスを繰り返すことによって維持・成長・発展していき、貸借対照表はこのうち①と②を表わすための書類であると説明しました。これと対比すれば、損益計算書は、③のプ

ロセスの結果を表わしたものといえばわかりやすいと思います。

　貸借対照表は、企業のある一定の時点（一般的には事業年度末）における財政状態を表わすための財務諸表であるのに対し、損益計算書は、一定期間（一般的には1年間）の活動の成果を数値化したものであり、いわば企業の1年間の経営成績を最もよく表わしている財務諸表ということができます。

◎貸借対照表と損益計算書の関係を示すイメージ図◎

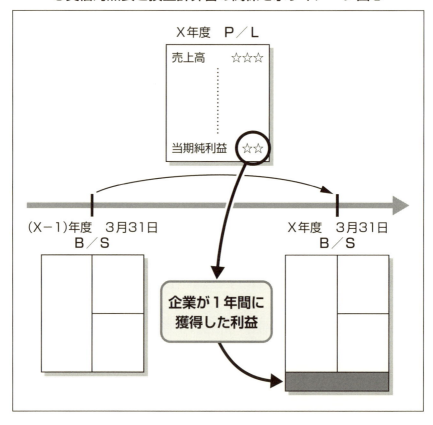

　上の図は、貸借対照表と損益計算書の関係性を表わした簡単なイメージ図です。

前年度である（X − 1）年度の期末時点の貸借対照表で示された財政状態をもとに、企業は1年間にわたって経営活動を行ないました。その経営成績が、X年度の損益計算書において示されます。

　X年度の損益計算書によれば、この企業は☆☆☆円の売上をあげ、☆☆円の利益を獲得したことがわかります（前ページ図の丸で囲った部分）。

　この☆☆円の利益は、当年度であるX年度の貸借対照表の「純資産の部」の「もうけ」の部分（66ページ参照）に加えられるとともに、「資産の部」にも「現預金」の科目など何らかの形の財産として加えられることになります。

　これによって、X年度の期末時点の貸借対照表は、前年度である（X − 1）年度の期末時点の貸借対照表と比較して、☆☆円分だけ「資産の部」と「純資産の部」の金額がプラスされた形となるのです。

　もちろん、企業は1年の間に借入れを増やしたり株主への配当をしたりすることもあるため、現実にはこのイメージ図のとおりになるわけではありませんが、損益計算書と貸借対照表がつながっているのだということをまずは理解しておいてください。

 ## 「収益」と「利益」、「費用」と「損失」の違い

　損益計算書では、「収益」と「利益」、「費用」と「損失」という用語が頻繁に登場します。

　それぞれ似たような言葉ですが、会計の世界ではこれらの意味はまったく違うものとされているので、それぞれの用語の定義を確認しておきましょう。

◎「収益」と「利益」の違い◎

収 益	企業の資金調達（増資や借入れなど）以外の経営活動によって得られた資産の増加。その中心は「売上高」。その他、「受取利息」「固定資産売却益」などがある。
利 益	収益から各種費用を差し引いた残りの額。どの費用を差し引くかによって5種類に分けられる。

　ここでは、 「利益」＝「収益」－「費用」 と押さえておきましょう。

◎「費用」と「損失」の違い◎

費 用	企業が経営活動において収益を得るために費やした資産の減少。具体的に何に費やしたかによって、「売上原価」「販売費及び一般管理費」「営業外費用」などに分類される。
損 失	盗難や火災など、収益の獲得とは無関係に発生した被害。または、マイナスの利益。

　「費用」は、それが何に費やされたものかという観点から、複数の種類に分けて計上されます。そして、どの種類の費用を収益から差し引くかによって、次に述べる「5つの利益」が算定されます。
　経営成績を的確に分析するためには、費用の分類方法や、それにもとづいて算定される5つの利益の意味を正確に押さえておくことが肝要です。

5種類の利益

まずは下の図をご覧ください。これは、わが国の会計基準にもとづく損益計算書の記載項目の例です。説明をわかりやすくするため、架空の数字を入れてあります。

◎損益計算書の記載項目の例◎

Ⅰ	売上高	100
Ⅱ	売上原価	55
	売上総利益	45
Ⅲ	販売費及び一般管理費	25
	営業利益	20
Ⅳ	営業外収益	5
Ⅴ	営業外費用	7
	経常利益	18
Ⅵ	特別利益	2
Ⅶ	特別損失	5
	税引前当期純利益	15
	法人税等	6
	当期純利益	9

太字で示したように、損益計算書には「利益」と名の付く項目が5種類も登場します。

それぞれの利益が示す意味はどれも重要なので、ぜひ覚えておきたいところですが、ただ暗記するのではなく、損益計算書の作成の基礎となっている考え方を学びながら理解を深めていくことが大切です。

損益計算書は、上から順に、①本業によって得られた利益を計算する部分（ⅠからⅢまで）、②本業以外の財テク等の全般的な経営活動によって得られた利益を計算する部分（ⅣからⅤまで）、③毎年発生しない特別の事情を考慮した結果、残った利益を計算する部分（ⅥからⅦまで）、④法人税等の税金を控除して残った利益を計算する部分（最後まで）、という各ブロックに分かれています。

　このうち、企業の実力を最もよく表わしているのは①です。本業でどれだけ稼げるかということは、利害関係人が企業の経営能力を図るうえで、最も重視するステータスであることは言うまでもありません。

　損益計算書は、上から順に読み下していくことによって、企業の本業で稼ぐ力の高さ（売上総利益、営業利益）、本業以外の財テク等を含めて１年間のトータルで稼ぐ力の高さ（経常利益）、企業の実力だけでなく特別の事情（主に外部環境に関する事情）を含めていくら稼いだのか（税引前当期純利益、当期純利益）、という関心度の高い順で企業のステータスを確認することができるという構造になっているのです。

　このような構造を採用している理由は、これまで学んできたこと（特に、財務諸表が誰のために作成されるものかということ。２－３項参照）を踏まえればもうおわかりですね。そう、**企業の利害関係人のためなのです。**

　このような損益計算書の構造を押さえておいたうえで、５種類の利益の意味を一つずつ見ていくと、次ページの表のようにまとめることができます。

74

◎5種類の利益の意味◎

売上総利益	商品の販売、サービスの提供など、企業の本業である営業活動の結果、得られた収益（売上高）から、当該商品やサービスを生み出すために直接支出した費用（売上原価）を差し引いて計算される利益。「粗利」（あらり）とも呼ばれる。
営業利益	売上総利益から、商品やサービスを生み出すために直接支出した費用ではないものの、営業活動を行なうために必要な費用（販売費及び一般管理費）を差し引いて計算される利益。企業の本業で稼ぐ力を表わす。
経常利益	営業利益に、企業が営業活動以外で獲得した収益（営業外収益）を加え、営業活動以外で支出した費用（営業外費用）を控除した残りの利益。本業以外の金融活動等を含め、1年間のトータルで稼ぐ力を表わす。
税引前当期純利益	経常利益に、本業とは無関係に臨時的に発生した利益（特別利益）や損失（特別損失）を加減算した後の利益。
当期純利益	法人税など、その期に納めるべき税金を支払った後に残った利益。企業の実力、外部環境、税金などすべての事情を考慮して、1年間の経営活動を通じてどれだけ稼いだかを表わす。

収益と費用の計上に関するルール

　損益計算書のしくみを理解するうえでは、収益と費用をいかなるルールにもとづいて計上するのか、という点を押さえておくことも重要です。

　この点については、日本公認会計士協会、日本税理士会連合会、日本商工会議所、企業会計基準委員会の4団体が定めた会計基準である「中小企業の会計に関する指針」の第72項〜第74項が参考になります。詳しくは簿記の解説書などに譲りますが、ここでは**「費用・収益の対応原則」**というルールを押さえておきましょう。

　「費用・収益の対応原則」とは、損益計算書には、一会計期間に属するすべての収益と、それに対応する費用を計上しなければならないというルールです。言い換えると、対応関係にある費用と収益は、原則として一つの損益計算書にまとめなければならず、期をまたいではならないということです。

　たとえば、小売業者をイメージしてみましょう。

　この業者は、前年度である（X−1）年度に、ある商品を1個当たり80円で100個仕入れ、8,000円を支払いました。そして、1個当たり100円で販売しようとしましたが、（X−1）年度のうちは60個しか売れませんでした（売上高6,000円）。

　そこで、当年度であるX年度は1個当たり90円に値下げして販売し、残りの40個を売り切った（売上高3,600円）、という事例で考えてみましょう。

　この業者の（X−1）年度とX年度の利益・損失はいくらと算定すべきでしょうか？

　現金の出入りだけを見ると、（X−1）年度は8,000円を支出して6,000円を得ているから「−2,000円の損失」、X年度は支出

◎「費用・収益の対応原則」のイメージ図◎

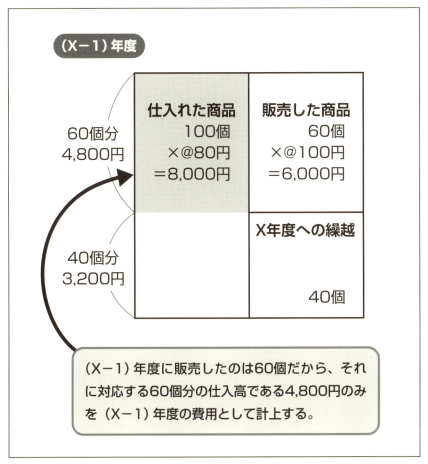

0円で3,600円を得ているから「3,600円の利益」、と算定されるのではないかと思えます。

しかし、(X-1) 年度の収益に対応する費用は、商品60個の分のみです。にもかかわらず、この年の損益計算書に商品100個分の費用を計上してしまうと、翌X年度の損益計算書には費用がまったく計上されないことになり、企業の経営成績を適正に表示しているとは言い難いものとなってしまいます。

(X－1)年度に販売した商品は60個なのですから、費用も60個分の仕入れにかかった分（80円×60個＝4,800円）のみを計上すべきです。そのため、(X－1)年度の利益は、「6,000円－4,800円＝1,200円」となります。

　そして、X年度の利益は、この年の売上高3,600円から、残り40個分の商品の仕入れにかかった費用「80円×40個＝3,200円」を差し引き、400円と算定されます。

　「費用・収益の対応原則」を遵守しないことは、放置しておくと粉飾決算の温床になりやすいといわれています。

　会計監査に携わる監査役としては、損益計算書のチェックにおいて、**その事業年度の収益と費用が対応しているか**、という意識を常に持ち続けておく必要があるわけです。

 まとめ──損益計算書を読むポイント

　最後に、2－6項で学んできたことのポイントをまとめておきましょう。

- 企業は、①資金を調達し、②調達してきた資金を運用し、③利益を上げる、というプロセスを繰り返すことによって維持・成長・発展していく。貸借対照表が①と②を表わすのに対し、損益計算書は③を表わしている。
- 貸借対照表と損益計算書のつながりを意識する。貸借対照表は各期末の時点における企業の財政状態（ストック）を表わしているのに対し、損益計算書は前期末と当期末の間の1年間の経営成績（フロー）を表わしたものであり、前期末の貸借対照表と当期末の貸借対照表の間の1年間をつなぐ役割を担っている。
- 「収益」と「利益」、「費用」と「損失」という各用語の

意味の違いを理解しておくことは重要である。

● 損益計算書には、「売上総利益」「営業利益」「経常利益」「税引前当期純利益」「当期純利益」という５種類の利益がある。それぞれの意味を理解するには、損益計算書の構造と、なぜそのような構造が採用されているのかという背景を押さえておくことが重要である。

● 「費用・収益の対応原則」が遵守されているかをチェックし、適正な利益が表示されているかに気を配ることが重要である。

　貸借対照表と同様、損益計算書の作成方法に関しても細かい会計基準が定められていますが、まずは本書で基礎となっている考え方を把握しておいていただければと思います。

　次項では、「財務３表」の最後の一つである「キャッシュ・フロー計算書」のしくみについて学んでいきましょう。

2-7 キャッシュ・フロー計算書（C／F）の役割としくみ

弁護士「財務3表についての知識を習得する最後に、キャッシュ・フロー計算書について学んでいきましょう」

監査役内定者「貸借対照表と損益計算書はいままで見たことがありましたが、キャッシュ・フロー計算書というものを見るのは初めてです。うちの会社も作成しているのかな？」

弁護士「キャッシュ・フロー計算書の作成が義務づけられているのは上場企業ですので、非上場の中小企業では作成されていないところが多いのも現実です。しかし、キャッシュの流れを把握しておくことは、経営状況の的確な分析と企業の成長・発展には欠かせません。キャッシュ・フロー計算書の役割を、この機会にしっかりと押さえておきましょう」

キャッシュ・フロー計算書（C／F）とは

　会計基準上、「キャッシュ」とは、「現金」（当座預金や普通預金など。一定の手続きを踏めば現金化することのできる要求払預金も含む）と「現金同等物」をあわせた概念とされています。

　「現金同等物」とは、容易に換金可能であり、かつ価格変動リスクが僅少な財産のことをいい、取得日から満期日（償還日）まで3か月以内の定期性預金や公社債投資信託などがこれに含まれるとされています。

　このようなキャッシュが、営業活動、投資活動、財務活動と

いう企業の経営活動の種類ごとに、1年間でどれくらい出入りしたのかを表わす財務諸表が、「キャッシュ・フロー計算書」（Cash Flow Statement：C／F）です。

2－5項および2－6項において、企業は、①資金を調達し、②調達してきた資金を運用し、③利益を上げる、というプロセスを繰り返すことによって維持・成長・発展していくが、このうち①と②を示すのが貸借対照表、③を示すのが損益計算書である、ということを説明しました。

これに対し、キャッシュ・フロー計算書はどれを示しているのかというと、実は①から③のすべてがキャッシュ・フロー計算書のなかに含まれています。

キャッシュ・フロー計算書は、「キャッシュ」という切り口から、企業の一連の経済活動を分析・表示した書類ということがいえるのです。

財務諸表の一種として組み込まれた経緯

キャッシュ・フロー計算書は、欧米諸国で1980年代に注目を集め、その後、1990年代初頭にかけてその作成が制度化されるようになりました。

わが国では、平成10年（1998年）、当時の大蔵省（現在の金融庁）の企業会計審議会が、主として上場企業を対象に、「連結キャッシュ・フロー計算書等の作成基準」を公表し、これによってキャッシュ・フロー計算書がわが国の会計基準にもとづく財務諸表の一つとして組み込まれるようになったといわれています。

では、なぜ近年、キャッシュ・フロー計算書が世界的に重要視されているのでしょうか？

従来から、企業の利害関係人が最も関心を寄せるのは、その

企業がどれくらいの利益を稼いでいるか（損益計算書）という点であると認識されてきました。

しかし近年、世界的に金融商品や不動産などの資産の価値が乱高下するようになり、わが国でもバブル経済の崩壊による保有資産の価値の下落や、その影響による利益の不安定化などの要因が重なったことで、"黒字倒産"という現象が社会問題化するようになりました。

企業は、赤字を出した年があったとしても、すぐには倒産しません。しかし、キャッシュがなければ、損益計算書上は黒字であっても、ふとした拍子に倒産してしまいます。

そのため、利害関係人は、企業がどれくらいの利益をあげているかだけでなく、どれくらいのキャッシュを有しているか、経営活動を通じてキャッシュをどのようにやり繰りしているか、という点に関心を寄せるようになってきました。

たとえば、前期と当期の貸借対照表を比較すれば、現金・預金などのキャッシュがどれだけ増減したかはわかりますが、その原因までを把握することはできません。

また、損益計算書によって確認できる利益・損失の額は、必ずしもキャッシュの増減額と一致するわけではありません。

そこで、企業のキャッシュのやり繰りの状況が一見してわかるようにするために、「キャッシュ・フロー計算書」という書類が財務諸表の仲間入りを果たすことになったのです。

現金をはじめとするキャッシュは、企業にとって血液のようなものです。キャッシュの流れを見ることは、いわば血液（現金）不足による死（倒産）を予防するための健康診断のようなものであり、現代の企業、そして会計監査に携わる監査役にとって非常に重要なことなのです。

キャッシュ・フロー計算書の構造

それでは、このような重要性をもつキャッシュ・フロー計算書がどのような構造を有しているかを見ていきましょう。

◎キャッシュ・フロー計算書の記載項目の例◎

(単位：百万円)

Ⅰ	営業活動によるキャッシュ・フロー	
	税引前当期純利益	15
	減価償却費	3
	売上債権の増加額	－4
	棚卸資産の減少額	2
	仕入債務の増加	4
	小計	20
	法人税等の支払額	－6
	営業活動によるキャッシュ・フロー	14
Ⅱ	投資活動によるキャッシュ・フロー	
	固定資産の購入による収入	－12
	投資活動によるキャッシュ・フロー	－12
Ⅲ	財務活動によるキャッシュ・フロー	
	長期借入れによる収入	20
	財務活動によるキャッシュ・フロー	20
Ⅳ	現金及び現金同等物の増加額	16
Ⅴ	現金及び現金同等物の期首残高	70
Ⅵ	現金及び現金同等物の期末残高	86

前述したように、キャッシュ・フロー計算書は、企業の経営活動のプロセスである①資金調達、②調達した資金の運用、③利益獲得、という一連の流れのうちキャッシュの関わるものすべてを集約した書類です。

　①資金調達については「Ⅲ　財務活動によるキャッシュ・フロー」の箇所で、②調達した資金の運用については「Ⅱ　投資活動によるキャッシュ・フロー」の箇所で、③利益獲得については「Ⅰ　営業活動によるキャッシュ・フロー」の箇所でそれぞれ示しています。

①財務活動によるキャッシュ・フロー（財務ＣＦ）

　キャッシュ・フロー計算書の順番とは逆になりますが、企業の経営活動のプロセスの順に、まずは「Ⅲ　財務活動によるキャッシュ・フロー」（以下「財務ＣＦ」といいます）の箇所について説明しましょう。

　財務ＣＦは、企業の「元手」となる自己資本や他人資本に関する取引のキャッシュの流れを表わしている箇所です。

　企業が経営の「元手」とするために株式を発行したり、借入れを行なったりして、キャッシュを集めた場合にはプラスとなります。

　反対に、株主に配当を支払ったり、自社株買いをしたり、借金を返済したりした場合にはマイナスとなります。

　前ページの例では、この企業は新たに2,000万円の長期借入れを行なったため、財務ＣＦは2,000万円のプラスとなります。

②投資活動によるキャッシュ・フロー（投資ＣＦ）

　次に、「Ⅱ　投資活動によるキャッシュ・フロー」（以下「投資ＣＦ」といいます）は、企業が営業活動を行なうための設備

84

である土地、建物、車両運搬具などに関する取引のキャッシュの流れを表わしている箇所です。

設備投資を行なって土地などを購入した場合にはマイナスとなりますし、反対に不要な設備を売却するなどしてキャッシュを得た場合にはプラスとなります。

83ページの例では、この企業は営業のための設備（固定資産）を1,200万円で購入していますので、投資ＣＦは1,200万円のマイナスとなります。

もしかしたら、先ほどの2,000万円の財務ＣＦのプラスは、投資活動を行なうための借入れだったのかもしれませんね。

③営業活動によるキャッシュ・フロー（営業ＣＦ）

最後に、「Ⅰ　営業活動によるキャッシュ・フロー」（以下「営業ＣＦ」）の箇所について説明しましょう。

営業ＣＦの表わし方には、**「直接法」**と**「間接法」**という２つの方法があります。ここで示した例は「間接法」によるものです。

「直接法」とは、キャッシュの出入りが生じる営業上の取引（商品の販売や仕入れ、経費の支払いなど）の種類ごとに一つひとつ金額を記入していく方法です。しかし、項目の数が多くなり、キャッシュ・フロー計算書が読みづらくなるため、実務上はあまり採用されていません。

これに対し、実務上多く採用される「間接法」は、損益計算書の「税引前当期純利益」からスタートし、減価償却費、棚卸資産の増減、売上債権の増減、仕入債務の増減など、**実際にはキャッシュの移動が発生していないけれども当期の収益または費用**として計上することが認められている項目を**逆算的に調整**して、営業ＣＦの金額を算出するという方法です。

たとえば、83ページの例では、「減価償却費　3（百万円）」という数字がプラスされています。
　減価償却費は、実際にはキャッシュを支出していないものの、一定額を費用として控除することが認められている項目です。
　この企業は、この年の損益計算書を作成するにあたり、減価償却費300万円を費用として計上しました。キャッシュは支出されていないが、利益は300万円減った、ということです。
　そこで、この企業のキャッシュを正確に把握するために、営業ＣＦの計算においては利益に300万円を足し戻したというわけです。
　その他の項目についても同様の考え方が通用します。本書では詳しい説明は省きますが、それぞれの項目の意味と、なぜプラスあるいはマイナスされているのかということを、ぜひご自身で確かめてみてください。

キャッシュ・フロー分析の一般論

　営業ＣＦ、投資ＣＦ、財務ＣＦがそれぞれプラスかマイナスかによって、次ページ以下の8つのパターンに分類することができます。
　ある企業のキャッシュ・フロー計算書が、8つのパターンのうちのいずれに属するかを見ることによって、その企業の経営状況をある程度分析することが可能になるといわれています。

◎キャッシュ・フロー計算書の8類型◎

	営業CF	投資CF	財務CF	評価の例
①	＋	＋	＋	営業活動でキャッシュを増やしつつ、既存の設備を売却し、新たな資金調達も行なっている。集めたキャッシュを使って将来、大きな投資を行なおうとしているのかもしれない。
②	＋	＋	－	営業活動でキャッシュを増やしつつ、不要な設備を売却し、借入金の返済などに充てている。財務体質を改善しようとしているものとうかがえる。
③	＋	－	＋	営業活動でキャッシュを増やし、新たに資金調達も行ない、設備投資を積極的に行なっている。将来、利益を大幅に増加させるための先行投資だと考えられる。
④	＋	－	－	本業でのキャッシュ・インが非常に多いため、営業CFのみで設備投資と借入金の返済の両方を実現できている。
⑤	－	＋	＋	営業活動を通じて減ったキャッシュを、既存設備の売却と資金調達とで賄っている。倒産の危険性が高い類型の1つ。
⑥	－	＋	－	営業活動によってはキャッシュを増やせていないが、既存の設備を売却することによって借入金を返済し、事業継続のためにオフバランス化を試みているものとうかがえる。
⑦	－	－	＋	営業活動を通じてキャッシュが減っているにもかかわらず、新たな資金調達を行ない、設備投資に充てている。これで翌年以降も営業CFがプラスとならないようであれば、倒産の危険性が非常に高い。
⑧	－	－	－	営業活動によってはキャッシュを増やせていないが、設備投資を行ない、借入金も減っている。もともと大量のキャッシュを有していた企業であると推測される。

まとめ　　キャッシュ・フロー計算書を読むポイント

　キャッシュ・フロー計算書の役割やしくみについて、理解できたでしょうか。

　本書で初めてキャッシュ・フロー計算書を目にしたという方もいらっしゃるかもしれません。貸借対照表や損益計算書と比べれば、キャッシュ・フロー計算書はまだ一般的な認知度は低いかもしれませんが、今後大いに活用が見込まれる財務諸表なので、以下にあげる点を中心にポイントをしっかりと押さえておきましょう。

- 企業は、①資金を調達し、②調達してきた資金を運用し、③利益を上げる、というプロセスを繰り返すことによって維持・成長・発展していく。キャッシュ・フロー計算書は、これら一連のプロセスを、キャッシュという切り口から分析した財務諸表である。
- キャッシュ・フロー計算書は、「営業ＣＦ」「投資ＣＦ」「財務ＣＦ」の３つで構成されている。
- 営業ＣＦの表示方法は、税引前当期純利益からスタートし、減価償却費、棚卸資産の増減、売上債権の増減、仕入債務の増減など、実際にはキャッシュの移動が発生していないけれども、当期の収益または費用として計上することが認められている項目を逆算的に調整するという「間接法」が用いられるのが一般的である。
- 営業ＣＦ、投資ＣＦ、財務ＣＦがそれぞれプラスかマイナスかによって８つのパターンに分類することができるが、ある企業のキャッシュ・フロー計算書が８つのパターンのうちのいずれに属するかを見ることによって、そ

の企業の経営状況をある程度分析することができる。

2-8 経営分析にチャレンジしてみよう

弁護士「これまで学んできた財務諸表の知識を活用して、経営分析にチャレンジしてみましょう」

監査役内定者「経営分析ってよく耳にしますが、具体的にどのようなことを行なうのですか？　経営分析を学ぶことは、監査役の仕事との関係でどのような意義があるのでしょうか？」

弁護士「経営分析は、会計監査の仕事とは直接的には関係ありませんが、財務諸表に潜む問題点を発見するのに役立ちます。また、経営分析に登場する各種指標は、経営や会計に携わる者にとっての共通言語のようなものであり、利害関係人に対して監査結果を報告するための基本ツールです。この項では、経営指標の種類と、それぞれの指標が示す意味を学んでいきましょう」

経営分析の基本

「経営分析」とは、財務諸表の数値を用いて各種経営指標を計算し、**企業の収益性・効率性・安全性等を評価・判定**するための手法をいいます。

経営分析の結果を踏まえて、企業の経営者は今後の経営戦略を立て、利害関係人は企業との間で取引を行なうべきか、どのような内容の取引を行なうかの意思決定を行ないます。

経営分析は、通常、以下のような手順で行なわれます。

① **各種経営指標を算出する**
② **算出した指標を見比べる**（同一企業における異なる事業年度間の比較、同業他社との相互比較、同業種の平均値との比較など）
③ **その企業の問題点や、その原因を分析する**
④ **改善策を検討する**

　この手順を見てもわかるとおり、経営分析において重要となるのは、各種の「**経営指標**」です。
　どのような指標があるのかを知っておくことはもちろんのこと、それぞれの指標が示す意味を理解しておかなければ、上記の③企業の問題点の分析や、④改善策の検討まで進んでいくことはできません。
　以下では、本書の舞台となっているB社の架空の「貸借対照表」と「損益計算書」を踏まえ、実際に各種指標の数値の計算を行ないながら、経営分析の手法を学んでいくことにしましょう。
　B社の貸借対照表と損益計算書は次ページのようになっています。

◎【事例】Ｂ社のＸ年度の貸借対照表と損益計算書◎

（単位：百万円）

資産の部		負債の部	
流動資産		流動負債	
現金及び預金	100	支払手形	30
受取手形	50	買掛金	20
売掛金	50	短期借入金	50
棚卸資産	200	固定負債	
固定資産		長期借入金	200
建物	120	純資産の部	
土地	120	資本金	100
		資本剰余金	100
		利益剰余金	140
資産合計	640	負債・純資産合計	640

Ⅰ	売上高		1,000
Ⅱ	売上原価		550
	売上総利益		450
Ⅲ	販売費及び一般管理費		250
	営業利益		200
Ⅳ	営業外収益		50
Ⅴ	営業外費用		70
	経常利益		180
Ⅵ	特別利益		20
Ⅶ	特別損失		50
	税引前当期純利益		150
	法人税等		60
	当期純利益		90

収益性分析

「収益性分析」とは、**企業が収益を獲得する能力**を分析することです。収益獲得能力は、企業の利害関係人が最も関心を寄せるステータスといえます。

この収益性に関する経営指標には、大きく分けると「**資本利益率**」と「**売上高利益率**」の2種類があります。

①資本利益率

「資本利益率」とは、調達してきた**資本を活用してどれだけの利益を獲得しているか**を示す経営指標です。

すでに説明したように、資本には「他人資本」と「自己資本」の2種類があります。

このうち自己資本の活用度をチェックするためには「**自己資本利益率**」(Return on Equity：ROE) という指標を、すべての資本の活用度をチェックするためには「**総資本利益率**」(Return on Assets：ROA) などの指標を用います。

$$自己資本利益率（\%） = \frac{当期純利益}{自己資本} \times 100$$

本事例の場合：$\frac{90}{340} \times 100 = 26.47\cdots\%$

$$総資本利益率（\%） = \frac{当期純利益}{総資本} \times 100$$

本事例の場合：$\frac{90}{640} \times 100 = 14.0625\%$

②売上高利益率

「売上高利益率」とは、企業の獲得した売上高のうち、**どれくらいの割合を利益として確保できているか**を示す経営指標です。

どれだけ費用をかけずに売上を獲得できているかという「省エネ度」の観点から、収益性を分析している指標と言い換えることができると思います。

売上高利益率の計算にあたっては、分母は常に売上高となります。これに対し、分子には5種類の利益をいずれも用いることができるため、どの利益を用いるかによってさまざまな数値を算出することができます。

例として、「**売上高総利益率**」「**売上高営業利益率**」「**売上高経常利益率**」の3つの指標を見てみましょう。

$$売上高総利益率（\%）= \frac{売上総利益}{売上高} \times 100$$

本事例の場合：$\dfrac{450}{1,000} \times 100 = 45\%$

$$売上高営業利益率（\%）= \frac{営業利益}{売上高} \times 100$$

本事例の場合：$\dfrac{200}{1,000} \times 100 = 20\%$

$$売上高経常利益率（\%）= \frac{経常利益}{売上高} \times 100$$

本事例の場合：$\dfrac{180}{1,000} \times 100 = 18\%$

効率性分析

「効率性分析」とは、**資本（資産）の使用効率を分析する**ことです。限られた資本（資産）で、いかに多くの売上を獲得できているか、という「燃費のよさ」を測定する指標です。

効率性は、売上を生み出すために資本（資産）を何度使い回せているかという観点から算定するため、「回転率」とも呼ばれます。

以下の指標の単位は、いずれも「回」で表わされるのでご注意ください。数値が大きければ大きいほど、限られた資本（資産）を何度も使い回せているということを意味するため、効率的な資本（資産）の活用ができているということになります。

効率性・回転率の計算にあたっては、分子は常に売上高となります。これに対し、分母には「総資本」「売上債権」「棚卸資産」などさまざまな資本（資産）が置かれ、資本（資産）の種類ごとに使用効率を測定することが可能となっています。

例として、「**総資本回転率**」「**売上債権回転率**」「**棚卸資産回転率**」の3つの指標を見てみましょう。

$$総資本回転率（回）= \frac{売上高}{総資本}$$

本事例の場合：$\dfrac{1,000}{640} = 1.5625$回

$$売上債権回転率（回）= \frac{売上高}{売上債権（受取手形、売掛金）}$$

本事例の場合：$\dfrac{1,000}{(50+50)} = 10$回

95

$$\text{棚卸資産回転率(回)} = \frac{\text{売上高}}{\text{棚卸資産}}$$

本事例の場合：$\frac{1,000}{200} = 5$ 回

安全性分析

「安全性分析」とは、**企業の支払能力や財務面での安定性**を分析することです。

貸借対照表の資産・負債・純資産のバランスを見ることにより、企業の倒産リスク等を測定することを目的としています。

安全性分析においては、短期安全性、長期安全性、資本調達構造という3つの観点から、企業の倒産リスク等が測られています。

①短期安全性分析

企業の**短期的な支払手段が十分に確保されているかどうか**を分析するものです。

代表的な指標は「**流動比率**」です。流動負債、すなわち1年以内に支払期限の到来する債務に対して、短期的な支払手段である流動資産がどの程度確保できているかを示す指標です。

少なくとも**100％以上**の流動比率がないと、短期的な支払いに対応することが困難ということになるので、注意が必要です。

$$\text{流動比率(\%)} = \frac{\text{流動資産}}{\text{流動負債}} \times 100$$

本事例の場合：$\frac{400}{100} \times 100 = 400\%$

②長期安全性分析

　企業が保有している固定資産が、**長期間にわたって安定的といえる調達手段によって賄われている**かどうかを分析するものです。

　代表的な指標が「**固定比率**」です。固定資産が、返済義務のない自己資本によってどの程度賄われているかを示す指標であり、**100%以内**であれば理想的ですが、自己資本のみで固定資産の全部を賄えるのは相当な優良企業であり、なかなか多くはありません。

　そこで、「**固定長期適合率**」という指標が用いられる場合もあります。

　これは、固定資産が、返済義務のない自己資本と、返済期限まで1年超の期間のある固定負債とで、どの程度カバーされているかを示す指標です。固定比率よりも緩やかに固定資産の調達状況をチェックする場合に適しています。

　固定長期適合率のボーダーラインは**100%**です。これを超える場合、流動負債を支払うためには固定資産を売却する必要があるということになってしまうため、注意が必要となります。

$$固定比率（\%）= \frac{固定資産}{自己資本} \times 100$$

本事例の場合：$\dfrac{240}{340} \times 100 = 70.58\cdots\%$

$$固定長期適合率（\%）= \frac{固定資産}{自己資本＋固定負債} \times 100$$

本事例の場合：$\dfrac{240}{340+200} \times 100 = 44.44\cdots\%$

③資本調達構造分析

　企業の資金調達源として、**他人資本と自己資本のいずれがどれだけ多いかを**分析するものです。

　代表的な指標は「**自己資本比率**」です。これは、総資本に占める自己資本の割合を示すものです。

　自己資本の割合が多ければ多いほど、返済義務が軽減されることになるため、安定的な企業経営という意味では望ましいとされます。

　ただし、収益性の観点からすると、借入れを増やすことのできる企業は、より多くの資金を用いてビジネスを展開することができるということですから、自己資本比率が低いことが必ずしも悪というわけではありません。

$$自己資本比率（\%） = \frac{自己資本}{総資本} \times 100$$

本事例の場合：$\frac{340}{640} \times 100 = 53.125\%$

 まとめ──経営分析のポイント

　経営分析の意義や経営指標の種類、各種指標の意味合いに関する学習はここまでです。

　以上にあげた以外にも、経営指標にはさまざまな種類のものがあります。というのも、そもそも経営分析の手法は、法律や会計基準によって制度化されたものではないため、画一的な方法や指標が定められているわけではないからです。

　とはいえ、**財務諸表に示された数値を用いて各種指標を算出**し、同一企業における別年度のデータや同業他社のデータなど

と比較して、**収益性・効率性・安全性を見極める**、という経営分析の考え方は、経営や会計に携わる者にとって必須のツールであり、監査役も例外ではありません。

　次項では、この項で学んだ知識を、会計監査の仕事にどのように活用することができるか、という点について説明していきたいと思います。

2-9 財務諸表の重要な誤りを見抜くためのポイント

監査役内定者「前項で学んだ経営分析の手法を活かして、これから会計監査の仕事を実践していきたいのですが、どのように財務諸表や経営指標に向き合っていけばいいのか、イマイチよくわからなくて自信がありません…」

弁護士「財務諸表のチェックや経営分析は一朝一夕にしてならず、ですよ。数多くの財務諸表に目を通して感覚を養うことが大切です。ただ、むやみやたらに財務諸表を見ているだけではスキルは上達しません。この項では、財務諸表のどのような箇所に重要な誤りが潜みやすいかという点について、粉飾決算のメカニズムを踏まえながら学んでいきたいと思います」

財務諸表の「重要な点」に関する誤りとは何か？

2－3項で説明したように、会計監査という仕事は、企業の財政状態、経営成績およびキャッシュ・フローの状況を表わした財務諸表のなかに、利害関係人の判断を誤らせるような**「重要な点」に関する誤りがないかどうかをチェックする**というものです。

利害関係人の判断に関係してこないような些末な部分についてまで目を通さなければならない、というわけではありません。

そのため、監査役としては、何が利害関係人にとって「重要

な点」なのかを見極める必要があります。

しかし、「重要な点」という基準自体、規範的評価を多分に含むファジーなものなので、何が重要かを明確に区分することはなかなか困難です。

そこで本書では、財務諸表の「重要な点」に関する誤りというのは**粉飾決算**のことである、とあえて定義してみようと思います。

つまり、会計監査に携わる監査役の仕事は、**財務諸表に潜んでいる粉飾決算の危険性を見つけ出して対処することである**、と位置づけることとします。

もちろん、それ以外の仕事も会計監査の範囲に含まれるわけですが、この項では、粉飾決算を回避するために監査役はどのような点に気をつけるべきかということを、粉飾決算のメカニズムから掘り下げていきたいと思います。

粉飾決算とは

そもそも「粉飾決算」とは、不正な会計処理によって虚偽の内容の財務諸表を作成することをいいます。銀行からの融資を得る目的で、企業の業績をよく見せようとする場合が典型例です（課税回避の目的で、あえて業績を悪く見せようとする場合（いわゆる逆粉飾決算）もありますが、ここでは省略します）。

粉飾決算に手を染めた者に対しては、その態様によりさまざまな刑事責任が課されます。

たとえば、実際には赤字なのに、粉飾決算により黒字に見せかけた財務諸表を作成し、それをもとに剰余金の配当を行なった場合、会社財産を不当に流出させたということで、5年以下の懲役もしくは500万円以下の罰金またはそれらが併科される可能性がありますし（会社法963条5項2号）、その配当が自己

の利益を図る目的で行なわれたという場合には、特別背任罪として、10年以下の懲役もしくは1,000万円以下の罰金またはそれらが併科される可能性もあります（同法960条1項3号）。

　また、粉飾決算によりお手盛りした財務諸表を用いて銀行から融資を受けた場合、銀行に対する詐欺罪が成立し、10年以下の懲役が科される可能性も考えられます（刑法246条）。

粉飾決算のメカニズム

【収益の過大計上と費用の過少計上】

　このように、利害関係人に重大な影響を及ぼすことから大変重い刑事罰規定によって禁止されている粉飾決算ですが、実はそのメカニズムは非常に単純です。

　粉飾決算（逆粉飾決算を除く）は、企業の「利益」を実際よりも多く計上して業績をよく見せることが目的です。「利益」を多く計上するためには、①収益を過大に計上するか、②費用を過少に計上するかしかありません。

　①収益の過大計上については、架空の売上を計上したり、翌期の売上を前倒しで計上するという手口があります。

　②費用の過少計上については、今期分の仕入の計上を先送りにしたり、一度支払った費用を仮払金や貸付金などに振り替えるという手口があります。また、在庫を実際よりも多く計上することによって、商品1個あたりの売上原価を薄めて費用を減らすという方法もあります。

B／S・P／Lで兆候が表われやすい科目は？

　このようなメカニズムによって粉飾決算が行なわれていることを知っておけば、どのような科目に粉飾決算の兆候が表われやすいかということも、あらかじめ気をつけておくことができます。

①売掛金

　まず、売掛金が過剰に計上されているときは要注意です。売掛金は債権という目に見えない財産であるため、架空の売上を計上し、その金額分の債権を、回収できる当てもないのに売掛金として持っているという形を装うことが容易にできてしまうのです。

　取引先に対し、「決算後にキャンセルしてもいいから」とお願いをして、決算前にいったん商品の売買契約を締結し、売上と売掛金を計上するという手口もあります。

②繰越商品（在庫）

　在庫の過大計上は、費用を引き下げて利益を水増しするために行なう粉飾として、最も有名かつ簡単な手法といわれています。

　在庫を実際よりも多く計上すれば、商品1個あたりの売上原価が薄まります。中小企業では、利害関係人が在庫状況を細かくチェックするということは通常ありませんので、なかなか判明しにくいのがやっかいです。

　また、実際に仕入れを行なっている場合であっても、請求書を決算後に送付してもらうよう仕入先に依頼することによって、当期の売上原価の計上を抑えて利益を上げるという方法もあり

ます。
　もっとも、この方法は、仕入先と交渉して支払期限を延ばしてもらうという、平常時もよく行なわれる取引であるため、これだけでは意図的な粉飾決算かどうかは判断しかねるところでしょう。

③買掛金・未払金
　実際には支払っていない買掛金や未払金を、支払いが済んだ、あるいは免除されたこととして減少させることによって、支出を減らすという手法もあるようです。

④仮払金・貸付金
　実際には費用の支払いであるにもかかわらず、後で返金されるお金であるかのように装って、仮払金や貸付金の科目に計上するという手口です。

経営指標の比較によって兆候が見つかる場合も

　売上の過大計上や費用の過少計上が財務諸表を見て一発で判明するというのであれば苦労はありませんが、実際には、毎年のように粉飾決算が少しずつ繰り返されているという場合もよくあります。
　そのような場合には、その企業の当該年度の貸借対照表や損益計算書を見ただけでは、「売掛金が過大に計上されている」とか「在庫が不自然に多く計上されている」などといった点に気づくことは困難です。
　そこで、2－8項で学んだ経営分析の手法が役立ちます。
　たとえば、売掛金の過大計上については、「**売上債権回転率**」を使ってチェックをします。

売掛金の科目を使って利益を水増しし続けていると、次第に売上債権回転率が低下していきます。

　同じ企業の売上債権回転率を何年分か通しで比較してみたり、同業他社の売上債権回転率と比較したりした結果、数値がおかしいようであれば、売掛金の過大計上の疑いが濃くなってきます。

　このように、財務諸表を読んでいて疑わしい科目が出てきた場合には、適切な経営指標を用いて期間比較・同業他社比較・標準比較を行なうことによって、粉飾決算を見つけ出すことができる場合もあります。

まとめ──経営分析を活用して効率的な会計監査を！

　会計監査というと、財務諸表やその作成の基礎となった会計帳簿などの膨大な資料を机に並べ、しらみつぶしにチェックしていくという様子を想像する方もいるかもしれません。

　しかし、2－3項で説明したように、一つひとつの取引を個別に確認していくことは、監査役という個人の能力では到底不可能です。

　そのため、財務諸表の「重要な点」に絞っていかに効率的に作業を進めるか、ということが会計監査において重要なポイントとなってきます。

　この項で説明したような、**粉飾決算の発見を重視する、リスクの高い科目に対するチェックを重点的に行なう、経営分析の手法を用いて経営指標の比較により粉飾の可能性を探る**、というスタンスは、広範な会計監査を効率的・戦略的に行なうためのものです。

　なお、このような戦略的監査の手法を学問的に体系化したものとして、近年では「リスク・アプローチ」と称される理論も

登場してきたりしています。

　会計監査に携わる監査役に就任されるであろう皆さんには、この項で学習したことを基礎としつつ、さまざまな会計監査手法にも触れて、自分自身や自分の会社にとって最も合理的な手法を見出していただけたら嬉しく思います。

2-10 監査結果を「監査報告書」にまとめよう

弁護士「中小企業の監査役の仕事は、監査報告書の作成によって完了します。どんなに会計監査活動を頑張っても、それを監査報告書にまとめなければ職責を全うしたことにはならないので、監査役にとって監査報告書は非常に重要なものとなります」

監査役内定者「わかりました。"画竜点睛を欠く"ということのないように、最後までしっかりと勉強したいと思います」

監査報告作成義務と監査報告書の内容

会社法389条2項によれば、会計監査限定の定めのある株式会社の監査役は、法務省令で定めるところにより、監査報告（書）を作成しなければならないとされています。

ここでいう法務省令とは、会社法施行規則107条ですが、同条では以下のように規定されています。

> （監査報告の作成）
> 第107条　法第389条第2項の規定により法務省令で定める事項については、この条の定めるところによる。
> 2　監査役は、その職務を適切に遂行するため、次に掲げる者との意思疎通を図り、情報の収集及び監査の環境の整備に努めなければならない。この場合において、取締

役又は取締役会は、監査役の職務の執行のための必要な体制の整備に留意しなければならない。

一　当該株式会社の取締役、会計参与及び使用人

二　当該株式会社の子会社の取締役、会計参与、執行役、業務を執行する社員、法第598条第1項の職務を行うべき者その他これらの者に相当する者及び使用人

三　その他監査役が適切に職務を遂行するに当たり意思疎通を図るべき者

3　前項の規定は、監査役が公正不偏の態度及び独立の立場を保持することができなくなるおそれのある関係の創設及び維持を認めるものと解してはならない。

4　監査役は、その職務の遂行に当たり、必要に応じ、当該株式会社の他の監査役、当該株式会社の親会社及び子会社の監査役その他これらに相当する者との意思疎通及び情報の交換を図るよう努めなければならない。

この条文の内容を読んでわかるように、会社法施行規則107条は、監査報告を作成するにあたっての「心がまえ」を説いているだけで、肝心の監査報告書の書き方については何も規定していません。

そのため、法令上は、必要事項さえ記載されていればどのような書式を用いても問題はないということになります。

しかし、会計監査の目的は、企業の自己評価結果である財務諸表が、その企業の実際の状態を適正に反映しているかどうかを客観的にチェックし、よって利害関係人がある程度安心してその企業と取引できるようにすることにあります。

そのため、監査報告書は、財務諸表とともに利害関係人に対

◎会計監査限定の定めのある株式会社における監査報告書◎

監査報告書

　私は、令和○年4月1日から令和×年3月31日までの第○期事業年度に係る計算書類およびその附属明細書を監査いたしました。その方法および結果につき以下のとおり報告いたします。

　なお、当会社の監査役は、定款第△条に定めるところにより、監査の範囲が会計に関するものに限定されているため、事業報告を監査する権限を有しておりません。

1　監査の方法およびその内容

　　私は、取締役等から会計に関する職務の執行状況を聴取し、会計に関する重要な決裁書類等を閲覧いたしました。また、会計帳簿またはこれに関する資料を調査し、当該事業年度に係る計算書類（貸借対照表、損益計算書、株主資本等変動計算書および個別注記表）およびその附属明細書について検討いたしました。

2　監査の結果

　　計算書類およびその附属明細書は、会社の財産および損益の状況を、すべての重要な点において適正に表示しているものと認めます。

令和×年4月28日

　　　　　　　　　　　　　株式会社B社

　　　　　　　　　　　　　監査役　　丁野　四郎　㊞

して公表されることを予定しているものなので、誰でも問題なく読めるよう、一定の書式に従って作成するのが望ましいといえます。

それが、公益社団法人日本監査役協会の定めている「監査報告のひな形について」に掲載されている書式です。

それを若干アレンジしたものが、前ページに例示した「監査報告書」です。

事業報告を監査する権限がないことを明記する

前ページにあげた「ひな形」のうち、法令上記載が必須とされている箇所が一つあります。それは、

「当会社の監査役は、……監査の範囲が会計に関するものに限定されているため、事業報告を監査する権限を有しておりません」

という部分です。

監査役の監査の範囲を会計に関するものに限定する旨の定款の定めがある株式会社の監査役は、事業報告を監査する権限がないことを明らかにした監査報告を作成しなければなりません（会社法施行規則129条2項）。

そもそも「事業報告」とは、会社の状況に関する重要な事項や、会社経営に関する基本方針などを報告するための書類であり、会社法435条2項にもとづき、計算書類とともに毎期作成しなければならないとされている書類です。

会社法の原則によれば、監査役設置会社においては、この事業報告についても監査役の監査を受けなければならないとされています（会社法436条1項）。

しかし、会計監査限定の定めが置かれている会社では、監査役は業務監査を行なうことができないことの結果として、この

事業報告についても監査を行なう権限がないため、そのことを
監査報告書においても明記しておかなければならないというわ
けです。

知っトク! COLUMN　会社の偉い人たちの肩書について

　会社で「偉い人」といえば、真っ先に「**社長**」でしょう。また、「**会長**」や「**副社長**」といった偉い人もいるでしょう。

　では、「**専務**」と「**常務**」はどちらが偉いのでしょうか？

　法律で決まっているわけではないので、絶対とは言い切れませんが、「**専務**」のほうが「**常務**」より上役であることが通常です（少なくとも筆者は、常務が専務より上役である会社に出会ったことはありません）。

　次に、「**執行役**」と「**執行役員**」はどちらが偉いのでしょうか？

　「**執行役**」とは、指名委員会等設置会社における業務執行を行なう会社の機関であり、会社法上の「**役員等**」に当たります。

　これに対して「**執行役員**」とは、会社法上の「**役員等**」ではなく、あくまでも会社が任意に設置するポストです。多くの場合は、「**経営者である取締役により決定された会社の業務を執行する最高責任者ポスト**」とされているようですが、取締役が執行役員を兼任しているケースも見られます。

　このほか、「**相談役**」や「**顧問**」などもよく聞かれる「偉い人」ですが、その内容はさらにケースバイケースで、取締役の地位にある場合もあれば、ある種のご隠居様ポストであることもあります。

　「**監査役**」は、こうした社内の「偉い人」の職務の執行を監査することもあるでしょうから、一度、自社の「偉い人」について、その定義を確認してみるのも何か役立つかもしれません。

（利光剛）

3章

大会社の監査役のシゴト

執筆◎中沢 信介

3-1

大会社の監査役は何が違うのか？

"上がり"ポストとして子会社Ｂ社の監査役に就任した七海氏でしたが、Ａ社顧問弁護士から教わった経営分析を駆使し、Ｂ社でも大活躍。再びＡ社専務からお声がかかり、このたびめでたくＡ社の監査役に就任が内定しました。

弁護士「お帰りなさい。そして、Ａ社の監査役就任内定、おめでとうございます」

監査役内定者「ありがとうございます。Ｂ社の監査役としての働きが認めてもらえて嬉しいです。ただ、中小企業のＢ社と大会社のＡ社では、会社の規模も、機関も全然違うので、不安なこともたくさんあります。先生とまた一緒に勉強させてもらえればと思います」

弁護士「わかりました。それでは、大会社の監査役の仕事を順番にみていくことにしましょう。まずは、２章で勉強した中小企業との違いをみていきます」

大会社とは

ここでいう「大会社」というのは、会社法上の概念で、最終事業年度に係る**貸借対照表上の資本金が５億円以上**または**負債の部の合計額が200億円以上**の株式会社のことを指します。

証券取引所に上場していなくても、この定義に該当すれば、

大会社になります（会社法2条6号）。

監査役内定者（七海氏）が就任予定のA社も大会社です。

会計監査に加えて業務監査もマスト

これまでの章で、中小企業の監査業務として、会計監査を行なわなければならないことは理解できたと思います。

大会社の場合、監査役は、会計監査に加えて「**業務監査**」も行なわなければなりません。これが、中小企業の監査との最大の違いであり、大会社の監査の中心になります。

業務監査の仕事の中身については、3－4項以降で詳しくみていきます。

◎大会社と中小企業の監査役の仕事の違い◎

大会社の場合

プロ（会計監査人）の設置が必須

会計監査人…会計監査報告の作成
監査役…プロのつくった会計監査報告をチェック

中小企業の場合

プロ（会計監査人）がいないことが多い

監査役…会計の監査（2章参照）

会計監査人の設置もマスト

　大会社は、機関設計として、**会計監査人の設置が義務づけ**られます（会社法328条）。「会計監査人」は、公認会計士または公認会計士で組織する監査法人でなければなりません（同法337条1項）。

　つまり、資本金が5億円以上または負債の部の合計額が200億円以上という大会社の会計は、それなりの規模になることが予見されるので、会計のプロである会計監査人に任せなさいということです。これによって、適正妥当な会計処理が期待できるのです。

　会計監査人は、株式会社の計算書類およびその附属明細書等を監査し、会計監査報告を作成します（同法396条1項）。

　大会社の監査役は、会計監査の場面において、この会計監査人と二人三脚で職務に臨むことになります。したがって、監査役は、会計監査人が作成した監査報告を監査することが会計監査における重要な仕事となります。

 ## 大会社は監査役会を設置する場合が多い

　「**監査役会**」とは、監査役全員で組織する機関です。大会社は、原則として監査役会を設置することになっています（会社法328条1項）。

　ただし、大会社であっても、①非公開会社の場合には、監査役会の設置は任意となり（同項カッコ書き）、②監査等委員会設置会社、および③指名委員会等設置会社の場合には監査役会は設置できません。

　①非公開会社は、公開会社と比較して閉鎖的な会社を想定していること、②監査等委員会設置会社と③指名委員会等設置会

社は、監査のためにより専門的な機関が設置される会社であることから、これらの会社では監査役会の設置は義務づけられていません。

ちなみに、それぞれの会社の定義は次のようになっています。

①**非公開会社**（同法2条5号参照）

発行する株式の全部につき、譲渡による株式の取得について、株式会社の承認を要する旨の定款の定めを設けている株式会社

②**監査等委員会設置会社**（同法2条11号の2参照）

過半数の社外取締役を含む取締役3名以上で構成された監査等委員会によって、取締役の職務執行の組織的な監査を行なう株式会社

③**指名委員会等設置会社**（同法2条12号）

指名委員会、監査委員会および報酬委員会を設置する株式会社

このように会社法は、大会社であっても監査役会を設置しなくてもよい場合または設置できない場合というのを予定しています。

ただし、実際のところ、公益社団法人日本監査役協会の調査によると、大会社のうち監査役会を設置していない会社はわずか6％にとどまっています。

このことから、大会社は監査役会を設置することが多いといってよいでしょう。

3-2 監査役会のしくみ

監査役内定者「監査役会というのは、実際にはどういう組織なのですか？ 取締役会なら比較的なじみがあるのですが、監査役会というと、どういうものなのかあまりわからなくて…」

弁護士「そうですよね。そこでこの項では、取締役会と比較しながら、監査役会の基本的な事項についてみていきたいと思います」

監査役会の設置が必要な会社

大会社のうち公開会社（発行する全部または一部の株式の内容として譲渡による当該株式の取得について株式会社の承認を要する旨の定款の定めを設けていない株式会社）は、監査等委員会設置会社または指名委員会等設置会社である場合を除いて、監査役会を設置しなければならないとされています（会社法328条1項）。監査等委員会設置会社または指名委員会等設置会社の定義については前項で確認してください。

大会社のうち非公開会社は、監査役会の設置は任意となります（同条2項）。設置義務がない場合でも、会社が定款で定めることにより、監査役会を設置することもできます（同法326条2項）。

他方、取締役会についても、公開会社であれば、設置が義務づけられており（同法327条1項1号）、非公開会社の場合には

任意の機関となります。

監査役会の構成

監査役会は、すべての監査役で組織します（会社法390条1項）。そして、監査役会は**3人以上の監査役**で構成しなければならず、その**半数以上は社外監査役**でなければなりません（同法335条3項）。また、監査役会は監査役のなかから**常勤監査役**を選定しなければなりません（同法390条3項）。

監査役の一つの大きな特徴としては、**独任性の機関**であるということがあげられます。

これはどういうことかというと、監査役が複数いる場合であっても、それぞれが独立して監査する権限を持っているということです。監査役会を設置したとしても、この特徴はそのまま妥当します（同条2項ただし書き、同項3号）。

他方、取締役会は、取締役3人以上で構成するなど構成人数の点では同一です（同法331条5項）。

ただし、最も異なるのは、取締役会は合議制の機関であり、合議によって業務執行の決定をすることにあります（同法362条2項1号）。取締役会設置会社の各取締役は、業務執行に際しては独任制ではなく、取締役会としての決定が必要とされるということです。

監査役会の招集

監査役会は、各監査役が招集します（会社法392条1項）。

この招集手続きは、監査役の全員の同意があれば省略することができます（同条2項）。招集の通知は、原則として、開催日の1週間前までに発送しなければなりません（同条1項）。

取締役会も、同様に、各取締役が招集権限を有しており（同

法366条1項)、原則として、開催日の1週間前までに招集の通知を発送しなければなりません(同法368条1項)。また、全員の同意がある場合に招集手続きを省略できる点も同様です(同条2項)。

監査役会の決議

監査役会の決議は、**監査役の過半数**をもって行なうこととされています(会社法393条1項)。この点は、取締役会と同様です(同法369条1項)。

他方、実務上、中小企業等の取締役会によって多用される**書面決議制度**(取締役の全員が書面等によって提案に同意した場合に可決する旨の決議があったとみなされる制度で、あらかじめ定款に定める必要があります)は、監査役会では利用できません(同法370条参照)。

監査役会の職務

監査役会は、以下の職務を行ないます(会社法390条2項)。

> ①監査報告の作成(同項1号)
> ②常勤の監査役の選定および解職(同項2号)
> ③監査の方針、監査役会設置会社の業務および財産の状況の調査の方法その他の監査役の職務の執行に関する事項の決定(同項3号)

他方、取締役会の職務は、①取締役会設置会社の業務執行の決定、②取締役の職務の執行の監督、③代表取締役の選定および解職です(同法362条2項各号)。

3-3 監査役(会)と会計監査人の役割分担と関係

監査役内定者「大会社は、会計監査人を設置しなければならないのですね」

弁護士「そうです。会計監査人の設置が義務づけられています」

監査役内定者「会計監査人とは、『会計』と頭についているから会計の専門家ですよね。中小企業であるB社の監査役のときは、会計の監査は私たち監査役の主たる業務だったのですが、会計監査人が設置されている場合、会計監査人と私たち監査役との役割分担はどうなるのでしょうか？」

弁護士「この項では、一般的な会計監査人の職務内容などを確認したうえで、会計監査人が設置されている場合の、監査役の会計監査について学んでいきましょう」

会計監査人とは

「会計監査人」とは、読んで字のごとく、**会計を監査する専門家**のことです。会計監査人は、公認会計士または監査法人でなければなりません（会社法337条1項）。

監査法人とは、公認会計士法にもとづき**5名以上の公認会計士によって構成される法人**のことを指します。

株式会社は、外部の公正中立な専門家を入れることを義務づけられることによって、会計の監査の中立性が確保されるわけです。

会計監査人の監査の内容

①会計監査人の監査

会計監査人は、株式会社の計算書類およびその附属明細書、臨時計算書類ならびに連結計算書類を監査します（会社法396条1項）。

- **計算書類**…貸借対照表、損益計算書、株主資本等変動計算書および個別注記表（同法435条2項、会社計算規則59条1項）
- **臨時計算書類**…期中の特定の日を臨時決算日とした貸借対照表および損益計算書など（同法441条1項）
- **連結計算書類**…連結貸借対照表、連結損益計算書、連結株主資本等変動計算書および連結注記表（同法444条1項、同規則61条1項1号イないしニ）

②会計監査報告の作成

会計監査人は、会計監査報告を作成します（同法396条1項）。

③会計帳簿の閲覧等

監査報告作成のために必要があるときは、会計監査人はいつでも、会計帳簿またはこれに関する資料の閲覧・謄写をし、または取締役および会計参与ならびに支配人その他の使用人に対し、報告を求めることができます（同条2項）。

④子会社調査権

会計監査人は、その職務を行なうため必要があるときは、子会社に対して会計に関する報告を求め、または会社、子会社の業務および財産の状況を調査することができます（同条3項）。この報告または調査は、正当な理由がない限り拒むことはでき

ません（同条4項参照）。

会計監査人の義務

①監査役（会）に対する報告義務
　会計監査人は、その職務を行なうに際して、取締役の職務の執行に関し不正の行為または法令もしくは定款に違反する重大な事実があることを発見したときは、遅滞なく、これを監査役等（監査役会設置会社では監査役会）に報告しなければなりません（会社法397条1項、3項）。

　監査役も、必要があると認めるときは、会計監査人に対し、その監査に関する報告を求めることができます（同条2項）。この点は、会計監査人は監査役との連携が必要となる場面です。

②定時株主総会における意見の陳述
　計算書類等が法令または定款に適合するかどうかについて、会計監査人と監査役（会）とが意見を異にする場合には、会計監査人は、定時株主総会に出席して意見を述べることができます（同法398条1項、3項）。

　また、会計監査人は、定時株主総会において会計監査人の出席を求める決議があったときは、定時株主総会に出席して意見を述べなければなりません（同条2項）。

会計監査人がいる場合の監査役の監査

　監査役の会計監査は、会計監査人がいるか否かで大きく異なってきます。

　会計監査人がいない場合、監査役は、会計監査において、計算関係書類が会社の財産および損益の状況をすべての重要な点において適正に表示しているかどうかについての意見を監査報

告のなかで述べる等しなければなりません（会社計算規則122条1項柱書、2号）。

一方、会計監査人がいる場合は、計算関係書類が会社の財産および損益の状況をすべての重要な点において適正に表示しているかどうかについての意見は、会計監査人の職務内容である会計監査報告において述べられます（同規則126条1項柱書、2号）。

そのため、監査役は会計監査人の監査の方法または結果が相当でないと認めた場合に、そのこととその理由を述べることで足りるとされています（同規則127条1項柱書、2号）。

大会社は規模が大きく、会計に関して、監査役だけで適正な判断をすることは困難です。

そこで大会社では、会計は専門家である会計監査人に見てもらうことになっています。監査役は、会計監査人が適正な体制のもと監査を行なっているかをチェックすればよいこととなるので、負担が相当程度軽減されます。

3-4 業務監査の仕事の中身

監査役内定者「いよいよ、業務監査の内容について教えていただけますか」

弁護士「大会社の監査役の職務といえば業務監査です。業務監査の仕事の中身を詳細に解説すると、それだけでまるまる1冊の本ができてしまうくらいです。そこで、この本では、業務監査の仕事として、監査役はどのようなことをしなければならないのか、どのような場合に責任を負うのか、という点をメインに、ケーススタディで説明したいと思います」

監査役内定者「たしかに、監査役が責任を追及される場合というのは気になりますね。多額の賠償請求とかを受けたら気が気ではありません」

弁護士「ただし、やはり最初に基本的なことは理解しておくべきだと思いますので、この項から3-6項までは、基本事項を勉強し、そのあとでケーススタディを行ないましょう。それでは始めていきます」

漠然としている業務監査

業務監査については、会社法上、「取締役の職務の執行を監査する」と規定されているだけであり、非常に漠然としています（会社法381条1項）。

会計監査については、計算書類（貸借対照表、損益計算書、株主資本等変動計算書、個別注記表）とその附属明細書を監査

することとされており、監査対象が特定されています。その意味では仕事の中身をイメージしやすいといえます。

一方、業務監査は前述のとおり、抽象的にしか規定されていません。実際の業務監査は、企業の規模等に応じて千差万別です。そして、漠然とした業務監査の仕事の中身を整理するための視点もさまざまなものがあります。

この本では、整理するための一つの視点として、「事業報告」をあげたいと思います。

事業報告とは

「**事業報告**」とは、株式会社が、**事業年度ごとに作成をしな**ければならないものです（会社法435条2項）。

事業報告（書）には、**当該事業年度における当該会社の状況に関する重要事項を記載**します（会社法施行規則118条）。

以下にあげる項目は、一般社団法人 日本経済団体連合会の「会社法施行規則及び会社計算規則による株式会社の各種書類のひな型（改訂版）」として、インターネット上に紹介されているもののなかから、事業報告の部分の項目を抜粋したものです。

第1　　事業報告の構成
第2　1　株式会社の現況に関する事項
　　　2　株式に関する事項
　　　3　新株予約権等に関する事項
　　　4　会社役員に関する事項
　　　5　会計監査人に関する事項
　　　6　業務の適正を確保するための体制等の整備に関する事項

```
7   株式会社の支配に関する基本方針
8   特定完全子会社に関する事項
9   親会社等との間の取引に関する事項
10  株式会社の状況に関する重要な事項
```

　これを見ただけでも、事業報告には非常に多岐にわたる事項が記載されることがわかります。

　ほとんどが上場会社の例であり、上場会社は、大会社のルール以上に金融商品取引法や取引所規程の適用を受けてはいますが（詳しくは次章以降を参照）、インターネットの検索エンジンで「事業報告書」と入力すれば、実際の会社の事業報告書を確認することができます。

　具体的なイメージをつかんでいただくためにも、一度参照してみてください。

事業報告の監査

　大会社の監査役は、その監査の範囲を会計監査に限定することはできません（会社法328条、389条1項）。

　そのため、大会社の監査役は、事業報告の監査も行なわなければなりません（同法436条1項、会社法施行規則129条2項反対解釈、同条1項）。

　つまり、監査役は、先ほどの膨大な情報が記載された事業報告書をチェックしなければならないということがわかります。

事業報告の監査のための取締役（会）との関わり

　業務監査を行なううえで、事業報告が適正なものかどうかを判断するためには、まず、取締役会と取締役からの情報収集が重要でしょう。

「取締役会」は、業務執行の決定に関する意思決定をするとともに、取締役の職務執行を監督する機関です（会社法362条2項）。

　「代表取締役」は、対外的な業務執行を行なうにあたり、会社を代表します。すなわち、代表取締役は、対内的にも対外的にも業務執行権限を有することとなり、決議事項を実際に執行します。

　つまり、会社において一番重要で、かつ会社の事業活動の大部分を担うのは、取締役会と取締役（特に代表取締役）ということになります。

　そして、事業報告は、当該年度の当該会社の状況に関する重要な事項が記載されます。

　おおざっぱなイメージではありますが、重要な事項は取締役会と取締役がかかわっていることが多いため、事業報告の中身が適正かどうかを判断するためには、取締役会と取締役との接点が重要となります。

事業報告監査のための予防的監査業務

　もう一つ、業務監査を行なううえで昨今の新しい流れとして重要だとされているのが、**予防的な監査業務**の視点です。

　大会社のさまざまな不祥事を受け、事後的対応だけでなく、予防的に適正な会社運営がなされるようなシステムをつくり出そうという流れになっています。

　そのシステムというのが、「**内部統制システム**」です。

　すなわち、大会社の取締役会は、取締役の職務の執行が法令および定款に適合することを確保するための体制、その他株式会社の業務ならびに当該株式会社およびその子会社からなる企業集団の業務の適正を確保するために必要なものとして、法務

省令で定める体制の整備を行なわなければなりません（会社法362条4項6号、同条5項）。

そして、監査役（会）は、監査報告において、取締役会が内部統制システムに係る取締役会決議を行なった場合に、その内容が相当でないと判断するときには、その旨とその理由を監査報告の内容としなければなりません（会社法施行規則129条1項5号、130条2項2号）。

内部統制システムは、とても重要な事項なので、事業報告の内容となります。

先にあげた事業報告書の抜粋の「第2・6　業務の適正を確保するための体制等の整備に関する事項」がこれに該当します。

3-5

業務監査の仕事と取締役会

監査役内定者「業務監査を行なううえで重要なのは、取締役（会）との関わり合いですね」
弁護士「この項では、その関わり合いが会社法上どのような形で規定されているのかという点や、業務監査として何をやらなければならないのかをみていきたいと思います」

監査役が業務監査を行なうための武器

　事業報告の内容が適正かを判断するためには、取締役（会）との接点が重要であることは、前項の解説でわかってもらえたことと思います。

　ただし、監査役にも、業務監査を適正に行なうための武器が必要となります。

　というのも、ただ単に事業報告を監査する義務があるといっても、実際にそのための権限を有していなければ、業務監査というのは絵に描いた餅になってしまうからです。

　そこでこの項では、**監査役の武器に相当する権限と義務**についてみていきたいと思います。

　まず監査役の「権限」は、単なる監査役の利益確保のためにあるのではなく、業務監査の実効性を確保するための武器として規定されています。

　一方、「義務」は、それを履行することによって、業務監査の対象となる事項を監査役が認識するための機会になり得ると

いう意味で、武器としての役割を果たします。

なお、監査役の権限と義務は、これを適切に行使することが期待されており、そのため、これを怠ると任務懈怠となる場合があります。

取締役等の職務の執行の監査

会社法381条1項には、「監査役は、取締役の職務の執行を監査する」と定められています。これによって、監査役が取締役の職務執行の監査をする権限があるということが明確になります。

この権限を実効的なものにするために、以下にあげていく具体的な権限と義務が定められています。

取締役会への出席義務

監査役は、取締役会に出席し、必要があると認めるときは、意見を述べなければならないとされています（会社法383条1項）。

3-4項で説明したように、取締役会においては、業務執行の意思決定が行なわれます（同法362条2項1号）。

取締役会は最低3か月に1回、開催されます（同法363条2項）。大会社では、会社法上の規定にかかわらず、1か月に1回程度、取締役会を開催して、代表取締役の職務執行の報告を受ける会社も少なくありません。

また、以下の事項およびその他の重要な業務執行の決定については、代表取締役単独で意思決定をすることはできません（同法362条4項）。

①重要な財産の処分および譲受け
②多額の借財

③支配人その他の重要な使用人の選任および解任
④支店その他の重要な組織の設置、変更および廃止
⑤社債の募集に関する重要な事項
⑥内部統制システムの整備
⑦定款の定めにもとづく役員等の会社に対する責任の免除の決定

　会社法362条4項の趣旨は、株式会社にとって重要な事項については、代表取締役といえども単独で意思決定することはできず、取締役会での決議を要することとして、慎重な意思決定プロセスを採ることを求めています。
　監査役は、これらの重要な意思決定を行なう会議である取締役会に参加することによって、取締役の職務の執行を監査するわけです。
　上場企業における事業報告書などを参照すると、監査役の取締役会への出席回数が個別に記載されており、取締役会の出席がとても重要視されていることがわかります。

取締役会の招集請求と招集

　監査役は、必要があると認めるときは、取締役に対し、取締役会の招集を請求することができます（会社法383条2項）。
　その請求があった日から5日以内に、その請求があった日から2週間以内の日を取締役会の日とする取締役会の招集の通知が発せられない場合は、その請求をした監査役は、取締役会を自ら招集することができます（同条3項）。

取締役への報告義務

　監査役は、取締役が不正の行為をし、もしくはその行為をす

るおそれがあると認めるとき、または法令もしくは定款に違反する事実もしくは著しく不当な事実があると認めるときは、遅滞なく、その旨を取締役（会）に報告しなければならないとされています（会社法382条）。

この義務は、取締役の不正に対する監査の実効性を確保するための、第一ステップです。

調査権

監査役は、いつでも、取締役および会計参与ならびに支配人その他の使用人に対して事実の報告を求め、または監査役みずから会社の業務および財政状況の調査をすることができるとされています（会社法381条2項）。

これによって監査役は、取締役の職務を調査することができます。

子会社調査権

監査役は、その職務を行なうために必要があるときは、会社の子会社に対して事業の報告を求め、またはその子会社の業務および財産の状況の調査をすることができます（会社法381条3項）。

子会社は、正当な理由がなければこれを拒むことはできません（同条4項）。

株主総会への報告義務

監査役は、取締役が株主総会に提出しようとする議案、書類その他の事項を調査しなければなりません（会社法384条前段）。

この場合に、法令もしくは定款に違反し、または著しく不当な事項があると認めるときは、監査役は、その調査の結果を株

主総会に報告しなければなりません（同条後段）。

株主総会決議事項には、株式会社の根幹に関わることや株主の利益に直結する事項などが多く含まれますが、これらの重要な事項についての議案や書類に重大な問題がある場合にそれを見過ごすことは許されません。

そこで、監査役にはこのような義務が課されています。

監査役の差止め請求

監査役は、取締役が会社の目的の範囲外の行為その他法令もしくは定款に違反する行為をし、またはこれらの行為をするおそれがある場合において、その行為によって会社に著しい損害が生ずるおそれがあるときは、その取締役に対し、その行為をやめることを請求することができます（会社法385条1項）。

監査役にとって、これは非常に大きな武器です。

監査役は、すでに述べた多くの権限を利用して取締役の職務の執行を監査するのですが、それでも取締役が暴走してしまう場合には、実際に取締役がこれらの行為を行なうより前に、差し止めることができるというわけです。

この監査役の差止め請求権は、よく株主の差止め請求権（同法360条）と比較されます。違いが生じるのは、監査役と株主の立場の違いからです。

監査役は、株主総会によって選任された役員であり、会社のための権限行使が期待できます。他方、株主については、ごく少数の株式しか持たないにもかかわらず、いわば濫用的に、または一部株主の利益のみを目的として権利が行使されることがあり、その権利行使には一定程度の歯止めが必要であると考えられています。

監査役が、この差止め請求権を行使するための要件等は以下

◎差止め請求に関する監査役と株主の違い◎

	監査役	株 主
要 件	会社に著しい損害が生ずるおそれ	会社に著しい損害が生ずるおそれ（監査役設置会社の場合）
期間制限	なし	6か月以上（公開会社の場合）
仮処分の際の担保の要否	不要	必要

のとおりです。

①要件

　要件としては、取締役が会社の目的の範囲外の行為その他法令もしくは定款に違反する行為をし、またはこれらの行為をするおそれがある場合において、その行為によって会社に著しい損害が生ずるおそれがあるとき（同法385条1項）であることが必要です。

　他方、監査役が設置されている場合は、株主は会社に回復することができない損害が生じるおそれがある場合でなければ差止め請求はできません（同法360条3項、1項）。

②期間

　監査役は就任後、期間に関係なく差止め請求権を行使することができます。

　他方で、公開会社の株主には、6か月間の保有要件がありま

135

す（同項）。

③仮処分の際の担保の要否

　監査役が仮処分によって、取締役の行為の差止めを行なおう
とする場合には、担保金の納付が不要となります（同法385条
2項）。

　他方、株主の差止め請求権にはこのような規定はありません。
そのため、多額の担保金が必要となる場合があります。

3-6 監査役の責任は？

監査役内定者「監査役が、業務監査として取締役の職務の執行を監査しなければならないということは少しずつわかってきました。この監査を怠ると、私たち監査役自身が責任を負う場合があるのですね」

弁護士「そうですね。前項で確認した武器を適切に行使して職務を行なっていかないと、責任を問われる場合があります。その数はそれほど多いわけではありませんが、しっかりと業務内容を確認して、勉強しておく必要があると思います」

監査役の責任の種類

監査役は、会社法上、大きく分けて**民事上の責任**と**刑事上の責任**を負います。

「民事上の責任」とは、詳しくは後述しますが、まずは、主として**損害賠償請求**のことだと理解してもらえれば十分だと思います。

つまり、責任が認められてしまうと、金銭を支払わなければならないという結論になります。

他方、「刑事上の責任」とは、その行為（犯罪行為）が認定されると、刑事罰（懲役、禁固、罰金、科料）が科されることがある、ということです。これも詳しくは後述します。

民事上の責任

　監査役と会社の関係は、委任の規定によるとされています（会社法330条）。そのため監査役は、会社に対して**善管注意義務**を負います（民法644条）。

　そうすると、この義務に違反した場合には損害賠償責任を負うことになります。

　ただし、監査役の責任はこれだけにとどまりません。

　監査役を含む会社の役員は、大きな権限を持っています。役員の職務執行によって会社の命運が決まるといっても過言ではありません。その権限は暴走する場合もあります。

　これらの力（権限）をコントロールするためには、私人間の契約などに係る一般法である民法上の責任だけでは足らないというわけです。

　そこで、会社法は、独自の責任を定め、役員等が会社または第三者に損害を与えた場合の損害賠償義務の規定を設けました（同法423条、429条）。

 会社に対する民事上の責任

　会社法では、監査役を含む役員が、故意または過失によりその任務を怠ったときは、株式会社に対し、これによって生じた損害を賠償する責任を負うことが規定されています（会社法423条1項）。

　ここでいう「**任務を怠ったとき**」について少し解説を加えておきましょう。

　監査役は、取締役の職務の執行を監査する権限を与えられるとともに、その義務があります。したがって、適切に権限を行使して義務を履行しなかった場合には、「任務を怠った」と評

価される場合があります。

監査役が責任を追及された例として、平成21年（2009年）11月27日の最高裁判所の判例があります。これは、農業協同組合の監事に関する判例ですが、株式会社の監査役と同様と考えて差し支えありません。

同事案は、農業協同組合の代表理事が、補助金の交付を受けることにより組合の資金的負担がない形で堆肥センターの建設事業を進められるとして、この事業について理事会の承認を得たにもかかわらず、実際には補助金の申請をしていないのに申請をしたなどと理事会に報告して事業を進めた結果、事業がとん挫して組合に多額の損害が生じたというものです。

同組合の監事は、資金の調達方法を調査、確認することなく、同事業が進められるのを放置したとして、任務を怠ったとされました。

この事案では、代表理事の職務執行につき、不自然な点が多々存在しているにもかかわらず、監事が資料等の提出を求めなかった点について責任が認められています。

この判例からも、監査役は、適切な監査を行なうために、適時において権限を行使しなければいけないことがわかります。

そして、監査役が責任を追及されるケースでよくみられるのは、取締役が任務懈怠行為を行ない、その監査を怠ったケースです。取締役と一緒に責任を追及される場合、監査役は、取締役とともに連帯して責任を負うことになります（会社法430条）。これは、監査役が複数いて同時に責任を追及される場合も同様です。

民事上の責任の免責

　前述したように、監査役を含む会社の役員には重い責任が課されています。しかし、あまりにも重い責任ばかりを役員に負わせるのは酷です。
　そこで、役員等の責任を免除することができる場合があります。それは以下の4つの場合です。

> ①株主全員による責任免除
> ②株主総会による免除
> ③取締役会による免除
> ④契約による免除

それぞれについて、詳しくみていきましょう。

①株主全員による責任免除
　株主全員の同意がある場合には、役員等の会社に対する責任を免除することができます（会社法424条）。
　会社の実質的な所有者である株主全員が責任を免除すると決めたのであれば、その責任をあえて追及する必要はないということです。

②株主総会による免除
　役員等の会社に対する責任は、株主総会の特別決議（株主の議決権の過半数を有する株主が出席し、出席した当該株主の議決権の3分の2以上の賛成を要する決議：同法309条2項）によって、その一部を免除することができます（同法425条1項、309条2項8号）。

この規定により責任が免除できるのは、役員等が職務を怠ったことにつき、**善意・無重過失である場合**です。法律の世界で善意というのは、そのことについて「知らない」ことをいいます。

つまり、「善意・無重過失」というのは、任務に反した職務執行であることを認識しておらず、かつ重大な不注意によりこれを認識していなかったわけではない、という状況をいいます。

こうした場合であれば、この規定を用いて役員等の責任を免除することができますが、実際の訴訟の場面では、不注意の程度などにつき詳細な審理がされることが多い、という印象があります。

なお、この規定により免除できるのは、「**最低責任限定額**」を超える部分のみです。監査役の最低責任限度額は、おおむね年間報酬の2年分です（同法425条1項1号・2号に詳細な規定があります）。

③取締役会による免除

定款であらかじめ、役員等の会社による損害賠償責任を取締役会決議（取締役会非設置会社においては取締役の過半数の同意）によって一部を免除することができる旨を定めることができます（同法426条）。

この場合に免除できるのは、②の場合と同様、役員等が職務を行なったことにつき善意・無重過失であることが必要です。

さらに、役員等が、責任の原因となった事実の内容、職務執行の状況その他の事情を勘案して、「特に必要と認めるとき」でなければなりません。

この規定にもとづき責任を免除した場合には、株主に対し、その旨を通知等して、異議を申し立てる機会を確保する必要が

141

あります（同条3項）。そして、異議の割合が総株主の議決権の100分の3を超えた場合には、免除することはできなくなります（同条7項）。

④契約による免除

監査役などの業務執行をしない役員等については、会社と**責任限定契約**を締結することにより、善意・無重過失である場合には、定款で定めた額または最低責任限度額（前述の②を参照）のいずれか高いほうの金額までに、任務懈怠責任を限定することができます（同法427条）。

ただし、このことはあらかじめ定款で定めておかなければなりません。

なお、この規定は、以前は社外監査役だけに適用されるものでしたが、平成26年（2014年）の会社法改正で対象が拡大され、すべての監査役について契約締結が可能となりました。

第三者に対する民事上の責任

監査役は、職務を行なうについて悪意または重大な過失があったときは、これによって第三者に生じた損害を賠償する責任を負います（会社法429条1項）。

前述した会社法423条の責任（138ページ参照）は、監査役が会社に対する責任を負担する場合です。一方、この会社法429条の責任は、**第三者に対する責任**です。この「第三者」には、金融機関、取引先などの債権者も含まれます。

第三者に株主が含まれるかについては、議論があります。

役員等の重過失等による職務執行により直接損害を受けた場合には、当然、株主も「第三者」に含まれると考えてよいでしょう。

しかし、役員等の重過失等による職務執行により会社が損害を受け、その結果、株価下落によって株主が損害を受けた場合（間接損害）については、株主は「株主代表訴訟」（後述）によって会社の損害を回復させれば、株価も回復して損害は回復するはずであること、また株価下落前に株式を売却して損失を回避しうるはずであること、などの理由により、株主は「第三者」に含まれないと判断した裁判例があります。

他方で、株主代表訴訟の実効性への疑問、非上場会社の場合には簡単に株式を売却できないこと、そもそも損失が回復しただけで株価が戻るとは限らないこと（そのような不公正なことが起こりうる会社というマーケットへの悪影響が残るなどの理由）などから、株主も「第三者」に含まれるべきとする見解もあります。

この点について議論を進めると、本書のレベルを超えてしまうので、株主が「第三者」に含まれるか否かは、ケースバイケースによると考えておけばよいでしょう。

この会社法429条1項に規定された責任のほか、監査報告に虚偽の事実を記載し、また記載すべき重要な事項について虚偽の記載または記録をしたときは、監査役が、そのような行為をすることについて注意を怠らなかったことを証明しない限り、損害賠償責任を負うことになります（同条2項）。

監査報告は、監査役の職務の要というべきものです。これに虚偽記載をしてしまっては、第三者は何を信頼すればよいのかわからなくなります。そこで、虚偽記載をした場合には、より重い責任を課しているということになります。

なお、取締役、監査役などの複数の役員が責任を負う場合には、会社に対する責任（同法423条）の場合と同様、連帯して責任を負うことになります（同法430条）。

民事上の責任と株主代表訴訟

　会社が、役員等の任務懈怠行為によって損害を被った場合には、本来、会社が会社法423条にもとづき、役員等に損害賠償請求をしなければならないのですが、役員のなれあいなどにより、適切に請求が行なわれない場合があります。

　こうした場合に、株主が会社に対して提訴を請求し、提訴が適切に行なわれないときには、当該株主が会社に代わって役員等を訴えることができます（同法847条：株主による責任追及等の訴え）。

　これは、俗に「**株主代表訴訟**」と呼ばれるものです。基本的には、株主が原告となって役員等を訴える訴訟を指しますが、法律上の明確な定義はなく、ときとして多義的に使われる用語です。

　株主代表訴訟は、濫用のおそれなどがあることから、公開会社では、6か月前から株式を所有している株主でないと、この責任追及等の訴えおよびその請求を起こすことはできません。ただし、非公開会社の場合には、この要件は課されていません。

　責任追及等の訴えの手順は、次のとおりです。

①会社に対し、訴えを提起するよう請求します（同法847条1項）。
②請求日から60日以内に会社が訴えを提起しないときは、請求をした株主が自ら責任追及の訴えを提起することができます（同条3項）。

刑事上の責任

　監査役は、役員として、刑事上の責任を負う場合もあります。具体的には以下の規定などがあります。

①**特別背任罪**（同法960条1項）
②**会社財産を危うくする罪**（同法963条5項各号）
③**虚偽文書行使等の罪**（同法964条1項）
④**預合いの罪**（同法965条）
⑤**贈収賄等**（同法967条、968条）
⑥**株主等の権利の行使に関する利益供与の罪**（同法970条）
※その他、過料に処せられる行為等があります。

　そして、これらの行為を行なった場合には、以下の懲役、罰金等の刑事罰が科されることがあります。
　なお、禁固刑は、会社法上の刑事罰にはありませんが、参考までにあげておきます。

- **懲役**…受刑者を刑務所に収容したうえで、所定の作業（強制労働）につかせる刑
- **禁固**…収容はするが、所定の作業（強制労働）につかせない刑
- **罰金**…1万円以上の金銭を支払わせる刑
- **科料**…1,000円以上1万円未満の金銭を支払わせる刑

3-7

ケースで学ぼう「業務監査」①
──違法取引？──

監査役内定者「監査役が取締役等の職務の執行に対する監査を行なうことが業務監査であり、その監査を怠ると責任を負うことはわかりました。ただし、実際にどのような場面で責任を負うのかということについて、あまり具体的なイメージがわきません」

弁護士「たしかにちょっと抽象的な解説のところもありましたね。では、実際にどのような場面で、監査役の行動が問題となるのかについて、具体的な事例（ケース）をもとに勉強していきましょう」

【事例】

名称：株式会社アルファー商事　　設立：1978年
業態：家具の小売販売業
会社の機関：取締役会設置会社、監査役会設置会社、
　　　　　　非公開会社
代表取締役：Ａさん　　取締役：Ｂさん・Ｃさん

◎月次試算表◎

	前年7月	前年8月	前年9月	前年10月	前年11月	前年12月
売上高	3,000	2,700	3,100	2,400	2,700	2,700
売上原価	1,800	1,350	1,240	1,080	1,350	1,215
売上総利益	1,200	1,350	1,860	1,320	1,350	1,485

監査役：Ｄさん（常勤）・Ｅさん（社外）・Ｆさん（社外）

3章

大会社の監査役のシゴト

　Ａさんは、いわゆるやり手のワンマン社長です。Ｂさんは、Ａさんの娘婿です。Ｃさんは、アルファー商事の設立以来、Ａさんのもとで働いてきた生え抜きの従業員で、取締役に抜擢してくれた代表取締役のＡさんに頭が上がりません。取締役の2人は、社長のイエスマンという位置づけです。

　アルファー商事の直近決算期の貸借対照表は下図のとおりです。月次の売上はその下の月次試算表を参照してください。

◎貸借対照表◎

流動資産	預貯金	1.6億円	負　債 （うち銀行 借入れ）	2.7億円 （2億円）
	その他	0.2億円		
固定資産		1.2億円		
			資本金	0.3億円

（単位：万円）

1月	2月	3月	4月	5月	6月	合計
2,800	3,100	3,600	3,400	2,600	2,700	34,800
1,540	1,860	2,160	1,530	1,300	1,620	18,045
1,260	1,240	1,440	1,870	1,300	1,080	16,755

事案の概要

　アルファー商事の取締役会は、令和元年8月、代表取締役のAさんに対して、翌令和2年2月末（貸付期間：6か月）を返済期限として、1億円を無利子で貸し付けることを決議しました。

　このお金は、馬好きのAさんが、個人で競争馬を購入し、G1レースで優勝させ、会社の宣伝広告に役立てようというプロジェクトのためのお金でした。Aさんは競馬が大好きでしたが、馬主の経験などはまったくありませんでした。

　しかし、約束の令和2年2月末になっても、Aさんは1億円を返済することはできませんでした。

　アルファー商事は、令和2年3月末に、一括して2億円を金融機関へ返済しなければなりませんでした。しかし、Aさんの返済がなかったこと、予想どおりの売上がなかったことなどが原因となり、結局、アルファー商事は金融機関への返済ができませんでした。これによって、会社の信用はガタ落ちになってしまいました。

 損害を被ったのは誰？

　この場合に、損害を被ったのは誰なのでしょうか。誰が文句を言いたいのかということですね。

　まず、株主でしょう。自分がこの会社の株主であれば、株の価値が下がってしまったのは明らかです。

　次に、金融機関も文句を言いたいでしょう。本来受け取ることができたはずの返済が、Aさんの行為によって受け取れなかったわけですから当然といえば当然です。

　そのほか、債権者である仕入先なども、自社への支払いが滞

ったりすれば、当然に文句を言いたいでしょう。

このAさんの行為について、債権者である金融機関や仕入先が責任を追及する場合には、会社法429条によることとなります。

一方で、前項で述べたとおり、株主については会社法429条にもとづいて直接請求ができるのか議論があります。その議論は置いておくとして、ここでは、株主が会社の代わりに会社法423条にもとづき責任追及する場面を想定してみましょう。

まず、株主は、関係した役員の責任を追及するため、会社に対して、当該役員の会社に対する責任を追及するよう請求します。

これに対し会社が、60日以内に役員の責任を追及する訴えを提起しない場合には、株主が自ら訴えを提起することができます（同法847条1項、3項）。

責任追及の相手方

本事案では、責任を追及する相手は誰になるのでしょうか。

本事案で監査役の責任が問題となる場合には、その前提として、直接、貸付けを受けた代表取締役Aさんおよび取締役会の構成員である取締役BさんとCさんも一緒に訴えを提起されることになるでしょう。

これは、会社法上、会社から直接お金を借りて損害を生じさせた代表取締役（Aさん）、その決議に賛成した取締役（BさんとCさん）には、任務を怠ったものと推定するという規定が存在するためです（会社法365条1項、356条1項2号、423条3項）。

そして、本事案で監査役にも責任があると株主が考えた場合には、監査役もその対象となるでしょう。

取締役会でのやり取り

　それではここで、この貸付けを決定した際の取締役会の様子を再現してみましょう。

```
┌─【出席者】──────────────────────┐
│　　代表取締役　　Aさん
│　　取締役　　　　Bさん・Cさん
│　　監査役　　　　Dさん・Eさん・Fさん
└─────────────────────────────┘
```

代表取締役A「では、第1号議案として、私への1億円の貸付けの件を審議します。私は、この金銭をもとに、競争馬を購入してしっかりと育成し、G1レースで優勝をめざそうと考えています。返済は、半年後の来年2月末日を予定しています。この馬がG1で活躍すれば、わが社の評判はうなぎ上りだと思いますよ」

取締役・監査役一同「……」

監査役D「しかし、1億円といえば、当社にとって非常に大きな金額ですよね。現在の預貯金1億6,000万円で、半年少し先の今期末（来年3月末）には、2億円の銀行融資を返済しなければなりません。実際に1億円の返済については、どのように考えているのですか」

代表取締役A「その点は、賞金も入るから大丈夫ですよ。いざとなれば私がポケットマネーから1億円を返済します」

監査役D「そうですか。社長がそこまでおっしゃるなら、大丈夫でしょうね」

代表取締役A「それでは、決を採ることにします。私は、利害関係を有するので決議に参加はしません。賛成の方は手を挙げてください」

取締役Ｂ・Ｃ（手を挙げる）
代表取締役Ａ「それでは、全員一致で可決しました」

 監査役のとるべき行動

　さて、この事案で、監査役は十分に取締役の職務の執行を監査したといえるでしょうか。

　読者の皆さんは直感的に、これでは十分な監査を行なっているとはいえない、と感じるのではないでしょうか。

　では、このような場合に、どのような点に着目して、監査役としてどのようなことを行なわなければならなかったのでしょうか。

　まず、重要なのは、なんといっても本件貸付けの金額です。

　監査役は、取締役会に出席していれば、月次試算表を確認できます。アルファー商事の年間売上高はだいたい３億5,000万円、売上総利益は１億7,000万円くらいの会社です。経常利益となれば、さらにこの何分の１かでしょう。

　この規模の会社で１億円の貸付けを行なうとなると、**貸付けの必要性**、**その相当性**、**返済の確実性**などについて、相当程度慎重な議論がなされたうえでの判断が必要になるのは当然のことでしょう。

　にもかかわらず、本件貸付金の使途は代表取締役のＡさんが個人名義で競争馬を購入するためというのですから、その必要性には大いに疑問が残ります。

　さらに、返済原資については、具体的なメドはなく、競争馬の賞金などという不確定きわまりないものをアテにしています。

百歩譲って、Ａさんの個人資産も返済原資の一部と考えられなくもありませんが、取締役会のやり取りだけでは、実際にＡさんが、１億円もの大金を返せるのか判然としません。銀行への２億円の返済が、Ａさんの返済期限の１か月後に迫っていることからすれば、Ａさんへの貸付金１億円は必ず返済されなければなりません。

　なぜならば、アルファー商事の財務状況をみる限り、２億円の返済のためにはＡさんからの返済が必須であり、仮に返済ができないとなると、金融機関からの信頼が地に落ちる結果となるからです。

　にもかかわらず、アテにしているのが、当のＡさんの「いざとなったら１億円は私のポケットマネーから返済します」という発言だけです。

　これらのことから考えると、監査役としては、調査権（会社法381条２項）を行使して、貸付けの必要性、相当性、返済の確実性を調査するために、最低限、Ａさんに対して詳細な説明を求め、それでも納得できる説明がなされない場合には、本件貸付けを行なわないよう説得したりする必要があると考えます。

　また、それでも、Ａさんが強硬に貸付けを実行に移そうとした場合には、監査役としては、当該貸付行為を差し止めることを検討すべき問題だと考えます。

　なぜならば、本件の貸付けは、取締役としての善管注意義務に違反している行為であり、それによって会社に著しい損害が生じるおそれがあると考えられるからです（同法385条１項）。

監査役の責任

　以上のことから考えると、本事案では、監査役の職務執行につき、任務を怠ったと認定され、監査役が責任を負う可能性は十分にあると考えられます。

3-8 ケースで学ぼう「業務監査」② ── 不当取引？──

監査役内定者「ケース①で、監査役としてはしっかりと監査をしなければならないということは理解できました。ただ、これだけだとまだまだ理解が足りない気がします。こういうケーススタディーで、相場観みたいなものがわかるようになるといいのですが…」

弁護士「もちろん、実際には実務をやってみないとわからないことだらけだと思います。そうはいっても、いきなり実務というのでは不安も大きいでしょう。少しでもいろいろなケースに触れてもらえればと思います。さっそく、2つ目のケースをみていきましょう。」

【事例】
名称：株式会社ベータ建設　　設立：1990年
業態：内装業（システムキッチン）
会社の機関：取締役会設置会社、監査役会設置会社、
　　　　　　非公開会社
代表取締役：Aさん
取締役：Bさん・Cさん（常務取締役営業本部長）
監査役：Dさん（常勤）・Eさん（社外）・Fさん（社外）

事案の概要

ベータ建設は、新たな営業先として、新規マンションの建設・

販売を行なう大手ディベロッパーM不動産に目をつけました。同社の下請業者となり、システムキッチンの設置を専属的に請け負うことによって利益を得ようとしたのです。

そこで、ベータ建設の常務取締役営業本部長のCさんは、M不動産の担当者と会食を重ねました。当然、その会食費はベータ建設が支出し、会食後には、高級クラブで接待しました。もちろん、これもベータ建設持ちです。これらの接待交際費は、だいたい月額50万円くらいでした。

そのような接待を開始して2、3か月経ったころ、M不動産の担当者はCさんに対し、新築の投資用マンションが売れ残って困っているので購入してほしいと持ち掛けました。

そのマンションは、新築時の販売価額は5,000万円でしたが、2年間買い手がつかず、現在の価値は3,800万円程度になっています。ただし、M不動産の担当者は、5,000万円で買ってほしいと言っています。

Cさんは悩みました。というのも、M不動産からの発注を予定どおり受けられれば、粗利ベースで月に150万円程度は確保できる見込みだったからです。

そうすると、仮に1,200万円高くマンションを購入し、さらに当分の間、接待を続けたとしても、1年間（粗利150万円×12か月＝1,800万円 → 1,200万円＋50万円×12か月）で、少なくとも粗利ベースでは元が取れる計算でした。

そこでベータ建設は、接待開始後4か月を経過したくらいの時点で、Cさんの提案により、取締役会で上記マンションを5,000万円で購入することを決議しました。

その4か月後（接待開始から8か月後）、ベータ建設がM不動産と交渉を進めている最中に、M不動産は急に倒産してしまいました。

155

なお、Cさんは、上記経緯について逐一、取締役会に報告していました。

損害を被ったのは誰？

この事例では、取引先や金融機関といった債権者は出てきません。

つまり、損害を被ったのは会社、さらには株主です。というのも、会社は結果として、1,200万円分の高値で新築マンションをつかまされ、毎月50万円の接待交際費も損失となりました。

これによって企業価値は減少し、ひいては株価も下落することになります。

責任追及の相手方

株主が責任を追及する相手は、やはり取締役と監査役ということになるでしょう。

このケースだと、監査役が責任追及をされることはないかもしれませんが、勉強のため、追及された場合を考えてみたいと思います。

取締役会でのやり取り

取締役会は、「事案の概要」のところで説明したように（154ページ参照）、Cさんから報告を受け、マンションの購入時は、取締役会で承認決議をしています。

監査役のとるべき行動

営業活動について適法な取締役会決議があり、これにもとづいて業務が執行されていた以上、監査役に何の法的責任があるのかわからない、という意見もあるかと思います。

では、ここでは、法的責任の有無の議論から少し離れて、監査役Dさんとしては「何をしておけばよかったか」について、少し考えたいと思います。

　まず、Dさんは、調査権を行使すべきであったと考えます（会社法381条2項）。特に調査をしなければならなかったのは、マンションの用途などについてでしょう。
　通常、不動産を購入する際には、目的・用途が先に決まっており、そこから予算に見合った不動産を選択していくことになると思います。
　これに対し、今回の事案では、先にマンションの購入ありきで、そのあと用途を検討することになったわけです。
　購入したマンションを賃貸して賃料収入を得るのか、自社の事務所などとして自ら利用するのか、あるいは、いずれかのタイミングで売却するのか、などの目的・用途については非常に重要な事項です。

　そこで、監査役Dさんは、常務取締役営業本部長のCさんにこの点を調査し、取締役会に報告するよう求めるとともに、もしべータ建設に管財部門があれば、同部門にマンションの用途別のシミュレーションなどの作成を依頼し、その結果を取締役会に報告するよう求めるべきであったと考えます。

監査役の責任について

　監査役には、以上のような調査権を行使することが期待できたと考えられます。
　ただし、実際に調査権を行使しなかった場合に、ただちに監査役としての責任を負うのかというと、疑問もあります。

この事例のマンションの購入および接待交際費の支出は、会社のビジネスの先行投資的な側面を有し、経営判断が含まれる事項です。

　M不動産は倒産してしまいましたが、それは結果論であり、その倒産等がまったく予測できず、予測できないこと自体もやむを得なかったようであれば、監査役が調査権を行使しなかったからといって、責任を負う事案ではないと判断されることも十分あり得るでしょう。

 この事案でM不動産が倒産しなかったら…

　上記事案で、M不動産が倒産しなかったケースも考えてみましょう。

　ベータ建設は、マンション購入後も、毎月50万円のペースでM不動産の担当者に対する接待を続けていったとします。

　しかし、M不動産はなかなか下請業務を発注してくれません。そうこうしているうちに、不動産購入からすでに2年が経過してしまいました。

　この場合、監査役としてはどうするべきでしょうか。

　やはり、その状態が続いているのであれば、調査権を行使して、具体的な調査を依頼すべきでしょう。

　ベータ建設は、すでに28か月もの間、月額50万円の接待交際費を支出しており、その総額は1,400万円にものぼります。

　もちろん、不動産の高値つかみの差損分1,200万円もありますから、すでに2,600万円の営業費用をかけているのです。

　これだけの営業費用をかけているにもかかわらず、2年間も具体的な成果を上げていません。そうすると、このまま費用をかけ続けることに合理性があるのかについては、検討を要するでしょう。

158

そこで、監査役としては、常務取締役営業本部長のＣさんに対し、ベータ建設とＭ不動産の契約成立見込みを具体的に聴取し、合理的な判断をする材料となる資料等を取締役会に提出するように指示することが必要になると思います。

3-9 ケースで学ぼう業務監査③
──通常取引──

監査役内定者「ケース②の事例からは、監査役として何をするのが望ましいかという議論と、行使すべきことを行なわなかったときに責任を負うことになるという議論は、別の次元だということに気がつきました」

弁護士「そうですね。"すべき"論のほうが広い概念なので、いろいろなケースで自分だったらどうするかを考えておけば、それより限定された、責任を負担する場面というのは回避できるようになると思います。それでは、3つ目のケースをみていきましょう」

【事例】
名称：株式会社ガンマ飲料　　設立：2002年
業態：天然水の製造販売業
会社の機関：取締役会設置会社、監査役会設置会社、
　　　　　　非公開会社
代表取締役：Aさん　　取締役：Bさん・Cさん
監査役：Dさん（常勤）・Eさん（社外）・Fさん（社外）

 事案の概要

　ガンマ飲料は、天然飲料水を主要商品として製造販売する会社です。同社は、スーパーマーケットN屋に天然水γを卸しています。

N屋は、地域に20店舗を展開しており、同社の代表取締役社長はガンマ飲料の代表取締役であるＡさんの中学時代の野球部の先輩で、学生時代からとても仲がよかったようです。
　天然水γの年間の出荷情報は下表のとおりです。

	卸値単価	数量	出荷割合
N屋	80円	120万本	85%
コンビニL	92円	4.2万本	3%
O商店	95円	2.8万本	2%
コンビニP	91円	9.9万本	7%
コンビニQ	93円	4.2万本	3%
合　計		141.1万本	100%

　このような状況下、営業担当が新規顧客として、Rマートというスーパーと交渉を開始しました。Rマートは、天然水γを単価95円で年間30万本、仕入れたい旨の申し出をしました。
　この議題は取締役会で検討されることになりましたが、結局のところ、Rマートには天然水γを卸さないこととなりました（取締役会のやり取りは後述します）。
　そうしたところ、半年後にテレビで、疲労回復に効果のあるミネラルが豊富に含まれた同価格帯の別会社のデルタ水が取り上げられ、N屋も、デルタ水の販売を推し進めることとなり、ガンマ飲料との取引をやめる決断をすることになりました。

損害を被ったのは誰？

　この事案だと、N屋との契約打切りの経緯次第では、ガンマ飲料がN屋を訴えるような問題に発展しかねません。

ただし、この出来事で、主力商品の85％の卸先であるＮ屋との契約が打切りになって、ガンマ飲料の企業価値は大きく毀損し、株価も大幅に下落することになったのは間違いありません。したがって、株主も損害を被っているといえます。

責任追及の相手方

ケース①やケース②で見てきたように、本件のような場合に、株主が責任を追及する相手は、取締役と監査役ということになります。

ケース②と同様に、こうしたケースで監査役が責任を追及されることはあまりないのかもしれませんが、勉強のために、考えてみたいと思います。

取締役会でのやり取り

```
【出席者】
　代表取締役　　Ａさん
　取締役　　　　Ｂさん・Ｃさん（営業部長）
　監査役　　　　Ｄさん・Ｅさん・Ｆさん
```

代表取締役Ａ「では、第１号議案の新規卸先のＲマートへの商品出荷を検討したいと思います。営業部長のＣさん、お願いします」

取締役Ｃ「はい。本議案についてですが、かねてより、営業部で新規卸先を検討していましたところ、このたびＲマートが、当社と取引をしたいと申し出てきました。社歴も古く、信用状況はまったく問題ありません。しかも、卸値ベースで１本95円、年間30万本の受注見込みとなっています」

代表取締役Ａ「悪くはないのですが、いまの生産状況では、Ｒ

マートに商品を供給する余裕は、ないのではないでしょうか」

取締役Ｃ「たしかに、現状のわが社の生産ラインでは出荷数量を増やすことは困難です。また、設備投資に割くほどの経済的な体力もありません。そこで、既存小売業者への出荷を少し抑えて、その分をＲマートに割り当てるのはどうでしょうか」

代表取締役Ａ「しかし、大口取引先であるＮ屋とは、創業以来、当社と付き合いがあります。またわたしは、Ｎ屋の社長と個人的にも仲がいいんですよね。しょっちゅうゴルフもご一緒しますし…。先輩の顔に泥を塗るのは難しいですよ」

取締役Ｃ「しかし、そこはなんとか、社長のほうから先方に話してみてもらえませんでしょうか」

代表取締役Ａ「いや、そんなことできないですよ。そもそも、Ｎ屋は最低ロットとして月10万本（年間120万本）の出荷がキープできないようであれば、取引を中止するという話しをしていました。やっぱり無理ですよ、無理です。もう少し小ロットのいいところを、見つけてきてください。やはり先輩の顔に泥を塗るっていうのは、ちょっとできません。それって私に泥を塗るのと一緒ですからね。私の立場を考えてくださいよ」

取締役Ｃ「……、わかりました」

代表取締役Ａ「それでは、決を採ります。Ｒマートと取引を行なうことに賛成の人は？」

Ａ・Ｂ・Ｃ（誰も手を挙げず）

代表取締役Ａ「全員一致で、否決ということですね」

監査役のとるべき行動

　さて、取締役会の内容をみて、監査役としてはどうするべきだったのでしょうか。この事例で気になる点は、大きく分けて2つあります。

　一つは、卸値がN屋より15円も高い95円での発注を希望していたRマートの取引を拒否してよいのかという点です。

　この点は、製造原価の確認が必要だと思います。結局、卸値が15円高いということが、利益にどの程度の影響を与えるのか、という点が重要になるからです。

　また、大口取引先のN屋の最低ロット数が本当に10万本なのかという点も確認する必要があります。

　製造原価が判明し、最低ロット数も正しいとなると、N屋との取引により得られる利益額が判明します。そうすると、Rマートに卸すことによって得られる利益も判明します。

　それで初めて、N屋との取引を継続していくのが適切か、またはRマートと取引を始めることが適切かも、判明するからです。

　もう一つの気になる点は、取引先の分散に関する議論です。

　ガンマ飲料は、N屋に対し主要商品の85％を出荷しています。このことから、N屋が方針転換をしたり、倒産したりした場合には、ガンマ飲料も非常に大きな影響を受けるのは明らかです。

　だからこそ、取締役営業部長のCさんも新規顧客の開拓を行なっていたのでしょう。

　そうはいっても、卸先を集中させることにより、安定的な売上を確保でき、流通コストを下げたり、在庫管理が容易となる、といったメリットも多数存在します。

経営判断の原則

　本件は、取締役によって、明らかに違法な行為が行なわれようとしている事例ではなく、経営判断の一環として、どのような選択をすべきかという問題です。

　このようなケースで、その経営判断が結果として間違っていた場合に、常に責任を負うことになってしまうと、取締役は萎縮してしまい、かえって適切な判断をすることができません。

　そこで設けられたのが、「**経営判断原則**」というルールです。日本版ビジネスジャッジメントルールといったりもします。

　この原則は、取締役の行なった経営上の判断につき、前提となる事実の認識に不合理な点がなく、当該前提事実にもとづく意思決定プロセスにも著しく不合理がない場合には、**結果的に会社が損害を被ったとしても、取締役は責任を負わない**という原則です。

　監査役としても、取締役が合理的な判断を行なっている限りにおいては、それを経営判断として尊重すべきということになると思います。ただし、経営判断の前提となる事実の調査が未了だったり、その収集過程に誤りがあってはいけません。

　そこで、監査役としては、大口得意先1社に大きく依存してしまう取引の妥当性についての検討も促すべきでしょう。

　また、調査権を行使し、前述したように、営業部に対し製造原価を確認するとともに、N屋の最低ロットが本当に月10万本なのかを確認して、取締役会に報告するよう指示することが必要だと思います。

監査役の責任について

　この事案もケース②と同様、取締役会に出席している監査役としては、調査権を発動して疑問点を明確にすべきであったと思います。

　ただし、実際に調査権を行使しなかった場合に、監査役としての責任を追及されるのかというと、合理的な事実にもとづいて判断がなされていれば、取締役も責任を負わないような事案ですので、監査役だけが任務懈怠責任を問われるというのは考えづらいと思います。

3-10 内部統制システム構築勧告義務とは

監査役内定者「監査役として取締役会に出席し、適宜、調査権を行使したりすることのイメージはわいてきました。ただし、業務監査として予防的な側面も重要なのですよね」

弁護士「内部統制システムのことですね。これも大会社の業務監査の大きな柱の一つです」

監査役内定者「その内部統制システムってどのような内容で、なんでそのようなものをつくらなければならないのでしょうか」

弁護士「では、大会社の監査に関する章の最後として、内部統制システムの概要をみていくことにしましょう」

内部統制システムとは

　大会社は、取締役の職務の執行が法令や定款に適合するなど、会社の業務の適正を確保するための体制を整備することが義務づけられています（会社法362条5項、4項6号）。この体制のことを「**内部統制システム**」と呼んでいます。

内部統制システム構築の必要性

　内部統制システムの構築義務が制定されるきっかけとなったのは、大和銀行株主代表訴訟（大阪地裁判決／平12.9.20金判第1101号3頁）であるといわれています。

　同事件は、取締役に対し、巨額の損害賠償義務が認容された

事案です。

　このなかで、裁判所は、「健全な会社経営を行うためには、」…「リスク等の状況を正確に把握し、適切に制御すること、すなわちリスク管理が欠かせず、**会社が営む事業の規模、特性等に応じたリスク管理体制（いわゆる内部統制システム）を整備することを要する**」と判断しました。

　これを受け、平成18年（2006年）5月に施行された会社法では、大会社に内部統制システムを構築する義務が制定されました。

　このような義務が制定されたのは、相次ぐ企業不祥事を事前に防止する必要があるとされたためです。

　会社と役員との関係は「委任関係」であるとされており、各役員は会社に対して、善管注意義務を負っています。また、会社法上もさらに重い責任を負担しています。

　そのため、事後的に当該役員に対して損害賠償請求を行なうことにより、損害を補てんすることで十分であるとも思えます。しかし、会社がひとたび巨額の損失を出して、社会的な信用を著しく棄損してしまうと、その回復はきわめて困難であるため、予防的な観点からこのような義務が制定されたわけです。

内部統制システム構築義務の内容

　大会社の取締役会には、内部統制システムを構築することが義務づけられています（会社法施行規則100条1項各号、会社法362条4項6号、同条5項）。

　内部統制システムの内容と、公益社団法人 日本監査役協会が作成した「会社法内部統制システムに係る監査役監査活動の概要」に書かれている、内部統制システムのために必要な具体

例の一部を以下に紹介しておきましょう。

①取締役の職務の執行に係る情報の保存および管理に関する体制（会社法施行規則100条1項1号）
…取締役会の決定に関する記録の作成、決裁書類等の文書の保存規定の整備

②損失の危険の管理に関する規程その他の体制（同項2号）
…コンプライアンス、情報セキュリティ、環境、災害対応、品質、輸出管理等に関する規則・体制の整備、これらに関する教育・研修の実施

③取締役の職務の執行が効率的に行なわれることを確保するための体制（同項3号）
…経営会議、予算会議、計画策定会議の設置と多面的な検討による意思決定の実施

④使用人の職務の執行が法令および定款に適合することを確保するための体制（同項4号）
…法令遵守体制の整備、教育・研修の実施や内部監査の実施

⑤当該株式会社ならびにその親会社および子会社からなる企業集団における業務の適正を確保するための体制（同項5号）
…子会社への内部統制システムの展開

監査役設置会社は、さらに以下の事項を内部システムの内容として構築することが求められます（会社法施行規則100条3項各号）。

　具体例については、前記同様「会社法内部統制システムに係る監査役監査活動の概要」からの抜粋です。

①監査役がその職務を補助すべき使用人を置くことを求めた場合における当該使用人に関する事項（同項1号）
　…監査役スタッフを置いていること（または求めがあれば置くこと）、監査役スタッフ以外に内部監査部門等が補助すること

②監査役補助を行なう使用人の取締役からの独立性に関する事項（同項2号）
　…人事異動の監査役会への事前説明、懲戒の場合の事前承認等

③取締役および使用人が監査役に報告をするための体制その他の監査役への報告に関する体制（同項3号）
　…経営会議付議案件、内部監査結果は、つど報告

④その他監査役の監査が実効的に行なわれることを確保するための体制（同項4号）
　…代表取締役との定期会合の実施

監査役による内部統制システムの監査

　監査役および監査役会は、事業報告に係る監査報告において、

内部統制システムに係る取締役会決議の内容が相当でないと認めるときは、その旨およびその理由を記載することが義務づけられています（会社法施行規則129条1項5号、130条2項2号）。

これは、監査役または監査役会において会社の内部統制システムが適切なものかを判断するためのものです。

> **知っトク！**
> **COLUMN**

監査委員と監査等委員、そして監査役

　会社法では、監査役に似たものとして、「**監査委員**」と「**監査等委員**」という機関（と呼ぶのは、ある意味不適切かもしれませんが、本書では機関と呼んでしまいます）があります。

　本書では、監査役の役割をメインに説明しているので、監査委員と監査等委員については、最小限の記述しかしていません。とはいえ、ちょっと気になる方もいらっしゃるかもしれないので、このコラムでごくごく簡単にですが、触れてみたいと思います。

　名称的には、「等」があるとかないとか、もはや、間違い探しのレベルですが、これらの機関と監査役はどう違うのでしょうか？また、どう同じなのでしょうか？

　まず、**監査委員**とは、**指名委員会等設置会社**における監査委員会のメンバーである取締役のことをいい、株主から選任された取締役で構成される**取締役会において**選任されます（会社法400条2項）。

　次に、**監査等委員**とは、**監査等委員会設置会社**における監査等委員会のメンバーである取締役のことをいい、**監査等委員でない取締役とは別個に、株主総会において**選任されます（同法329条2項）。

　つまり、監査委員、監査等委員ともに、**取締役であることが前提**なわけです。この点で、監査役とは異なります。

　一方で、両者は、監査役と同様に株式会社の監査をします。正確にいえば、監査委員は、「執行役等の職務の執行の監査および監査報告の作成」を担い、監査等委員は、「取締役の職務の執行の監査および監査報告の作成」を担います。指名委員会等設置会社では、業務執行は「執行役」と呼ばれる機関が担うので、監査の対象もこれに応じています。

◎監査役、監査委員、監査等委員の権限・義務の違い◎

	独任制	組織監査	
	監査役 （単独、または監査役会の構成員）	**監査委員** （指名委員会等設置会社における監査委員会の構成員）	**監査等委員** （監査等委員会設置会社における監査等委員会の構成員）
役員等への報告請求権	各監査役 （381条）	選定された委員 （405条）	選定された委員 （399条の3）
業務財産状況の調査権限	各監査役 （381条）	選定された委員 （405条）	選定された委員 （399条の3）
取締役への報告義務	各監査役 （382条）	各委員 （406条）	各委員 （399条の4）
株主総会への報告義務	各監査役 （384条）	なし	各委員 （399条の5）
取締役等の行為差止請求	各監査役 （385条）	各委員（406条、 407条）	各委員 （399条の6）
取締役会招集権限	各監査役 （383条）	選定された委員 （417条）	各委員 （399条の8）

　ただし、監査委員と監査等委員の監査は、監査役の独任制とは異なり、組織監査であるとされています。そのため、監査役、監査委員、監査等委員の間では、各自が有する権限・義務の範囲が上表のように異なっています。

　監査等委員会設置会社は、平成27年（2015年）に施行された改正会社法により新たに導入された機関設計です。

　従前からあった**指名委員会等設置会社**（上記改正法の前は、「**委**

員会設置会社」、さらに古くは、「**委員会等設置会社**」と呼ばれていました）では、**指名委員会、監査委員会、報酬委員会**の３つの委員会のメンバーは、**それぞれ３人以上**の取締役で組織されなければならず、そのうち**過半数は社外取締役**でなければならず、社外取締役を多数確保することの困難等を理由に、新設されました。

　監査等委員会設置会社では、**監査等委員である取締役は３人以上**必要で、そのうち**過半数は社外取締役**でなければなりません（同法331条６項）が、３つの委員会すべてにおいて過半数の社外取締役を確保することに比べれば、負担は軽くなります。
　監査委員は、**取締役会で解職することができます**（同法401条１項）が、監査等委員と監査役は、**株主総会の特別決議でないと解任できません**（なお、監査委員は取締役ですから、株主総会の普通決議で、取締役として解任してしまえば、監査委員も解任したことになります）。

　ほかにも細かい異同がありますが、詳しくは条文や専門解説書をご覧いただくこととして、まずはこの程度を押さえておけばよろしいかと思います。

（利光剛・田中純一郎）

4章

上場会社の監査役のシゴト

執筆◎利光　剛

4-1 上場会社では「有価証券報告書」が超重要

このたび、主要取引先であるＸ社から基幹部品の製造を内製化したいとの希望があり、Ａ社はＸ社の子会社となりました。Ａ社の監査役である七海氏はそのまま留任することになりましたが、上場会社のグループに入るにあたり、研修として、親会社Ｘ社の監査役の職務を学ぶよう同社から要請がありました。

七海監査役「上場会社の監査役は、これまで以上に重要な役割と責任を負うと聞きましたので、今回、研修を受けるにあたり、いろいろと教えてもらえませんでしょうか…」

弁護士「上場会社では、いろいろな法令や取引所の規程など、多くのルールが関わってきますので、ここでその全部を説明するわけにはいきません。そこでここでは、最も重要なポイントの一つである『有価証券報告書』について学ぶとともに、関係する法令について概観したいと思います」

七海監査役「わかりました。私も研修として上場会社の監査役の職務を学ぶだけなので、ここでは簡単に概要を説明してもらえれば大丈夫です」

有価証券報告書とは

「有価証券報告書」は、金融商品取引法（以下、「金商法」と

いいます）が定める**企業情報開示**（ディスクロージャー）のうち、重要なものの一つであり、上場会社が、事業年度ごとに継続して投資家に企業情報を開示する書類です。

内容について簡単にいえば、「**会社の事業や財務の状況を説明して、投資家等に判断材料を提供するための開示書類**」ということができるでしょう。

有価証券報告書に記載すべき事項は、次の4－2項で詳しくピックアップしますが、上場会社の**事業の内容、事業や設備の状況、株式や役員の状況、財務の状況**と多岐にわたっており、投資家が投資判断をするのに最も重要視する書類の一つです。

有価証券報告書の提出義務

金商法24条では、上場会社のほか一定の会社は、原則として、**事業年度経過後3か月以内**に有価証券報告書を内閣総理大臣に提出しなければならない、と定めています（実際には、「ＥＤＩＮＥＴ」と呼ばれる金融庁の電子開示システムを通じて提出します）。

また、金融商品取引所が定める**有価証券上場規程**により、上場する取引所へも提出する必要があります。

ここで改めて、上場会社とは…

「**上場会社**」とは、「株式を金融商品取引所（証券取引所）に上場して、不特定多数の者が自由に売買できるようにしている会社」ということができますが、会社法上の「**公開会社**」（会社法2条5号）や「**大会社**」（同条6号）と必ずしもリンクしたものではありません。

ざっくりといえば、現在わが国には約200万社の法人（会社以外も含む）があり、そのうち約4,000社が上場会社という状

況です。

大切なのは投資家の視点

　上場会社の株式は、金融商品取引所を通して誰もが自由に売買できるため、会社は、「**正しい情報**」を「**適時**」「**公平**」「**明確**」に、投資家へ提供しなければなりません。

　したがって、上場会社では、投資家を保護するために、会社法上の規制に加えて金商法や金融商品取引所の定める諸規程によるさまざまな規制を受けることになります。

　これらの規制は大別して、「**開示規制**」「**取引規制**」「**行為規制**」などと呼ばれることがあります。それぞれのイメージは、おおむね次のとおりです。

- 開示規制……有価証券報告書のように、企業が投資家へ情報を開示することを定めた規制
- 取引規制……市場取引参加者に対し、インサイダー取引や相場操縦等を禁止する規制
- 行為規制……金融商品取引業者に対し、勧誘方法や商品説明について一定の義務を課す規制

　こうした各種の規制は、それぞれの場面で投資家保護に役立っており、株式などの金融商品の公正な価格形成につながっているのです。

上場会社の開示規制

　開示規制には、「**発行開示**」「**継続開示**」や「**適時開示**」といった考え方があります。

　発行開示とは、有価証券を発行する際に求められる開示規制

のことをいい、代表的なものは有価証券届出書です。

継続開示とは、一定時期に継続して開示することが求められている企業情報のことをいい、代表的なものは有価証券報告書です。

最後に、**適時開示**について簡単に説明しておきましょう。

継続開示により「一定時期」に企業情報が開示されるわけですが、この「一定時期」の間に、投資家へ大きな影響を与えうる企業の変化が生じることがあります。

こうした場合には、これらの情報を適時に開示して投資家の投資判断の材料とすべき必要性があることから、金商法や取引所規程で適時の情報開示を義務づけています。

これを「**適時開示**」といいます。

4-2 有価証券報告書の中身を少し見てみよう

七海監査役「上場会社においては、投資家保護の必要性が高く、開示規制として有価証券報告書が重要であることはわかりました。具体的に、どんなことを記載する必要があって、監査役としてはどのように関わるべきなのか、続けて教えてもらえませんでしょうか…」

弁護士「有価証券報告書の解説をすると、それだけで１冊の本が出来上がってしまうほどなので、ここでは記載事項を列挙して、監査役としての関わり方の指針にだけ触れるようにします」

有価証券報告書の記載事項

すでに述べたとおり、有価証券報告書は、上場会社の重要な継続開示書類ですから、次ページ以下の表のように詳細な会社情報が記載され（2019年の改正を一部反映）、ページ数としては優に100ページを超えることが多いです。

監査役として押さえるべきポイント

有価証券報告書の記載事項をよく見ると、だいたい次の３つに大別できることがわかります。
- 事業に関する情報（第一部第１〜第３）
- ガバナンスに関する情報（同第４）
- 財務に関する情報（同第５）

◎有価証券報告書の記載事項◎

4
章

上場会社の監査役のシゴト

第一部　企業情報
　第1　企業の概況
　　　1　主要な経営指標等の推移
　　　2　沿革
　　　3　事業の内容
　　　4　関係会社の状況
　　　5　従業員の状況
　第2　事業の状況
　　　1　経営方針、経営環境及び対処すべき課題等
　　　2　事業等のリスク
　　　3　経営者による財政状態、経営成績及びキャッシュ・フローの状況の分析
　　　4　経営上の重要な契約等
　　　5　研究開発活動
　第3　設備の状況
　　　1　設備投資等の概要
　　　2　主要な設備の状況
　　　3　設備の新設、除却等の計画
　第4　提出会社の状況
　　　1　株式等の状況
　　　（1）　株式の総数等
　　　（2）　新株予約権等の状況
　　　（3）　行使価額修正条項付新株予約権付社債券等の行使状況等
　　　（4）　発行済株式総数、資本金等の推移
　　　（5）　所有者別状況

181

（6） 大株主の状況
（7） 議決権の状況
2 自己株式の取得等の状況
3 配当政策
4 コーポレート・ガバナンスの状況等
（1） コーポレート・ガバナンスの概要
（2） 役員の状況
（3） 監査の状況
（4） 役員の報酬等
（5） 株式の保有状況
第5 経理の状況
1 連結財務諸表等
2 財務諸表等
第6 提出会社の株式事務の概要
第7 提出会社の参考情報
1 提出会社の親会社等の情報
2 その他の参考情報

第二部 提出会社の保証会社等の情報
独立監査人の監査報告書及び内部統制監査報告書
⋮

　これら3つについて、監査役としての関わり方を簡単に考え
てみましょう。

①事業に関する情報（第1～第3）
　上場会社では、当然、監査役に**業務監査権限**があるわけです

から、①の記載内容について、監査役監査が及ばなければなりません。この部分には、後述する、③による副次的な効果部分を除けば、原則として会計監査人による監査は及んでいません。

業務監査権限のある監査役は、取締役会に出席する義務があるわけですから、会社の業務執行に関して取締役会に上程された事項については随時その適法性（場合によっては妥当性についても）を検討し、必要な場合には意見陳述をしなければなりません。

①の記載事項について、内容が重要であるにもかかわらず、取締役会での審議がされていないケースが見られた場合には、こうした意見陳述権を行使して、取締役会での審議を促すことが必要です。

②ガバナンスに関する情報（第4）

業務監査権限については、①と同じことが当てはまります。

一般社団法人 日本経済団体連合会が平成18年（2006年）に示した見解によれば、**コーポレート・ガバナンス**とは、「企業の不正行為の防止ならびに競争力・収益力の向上という2つの視点を総合的に捉え、長期的な企業価値の増大に向けた企業経営の仕組みをいかに構築するかという問題である」と解されていることから、②についても、適法性監査として、監査役の業務監査のストライクゾーンです。

監査役の監査権限が、**適法性監査**に限られるか、**妥当性監査**も含まれるかについては、多くの議論があります。

しかし、平成18年（2006年）に施行された会社法においては、妥当性監査を想定したいくつかの規定（内部統制システムに対する不相当性意見の監査報告書への記載（会社法施行規則129条1項5号）、株主代表訴訟における不提訴理由通知制度（会

社法847条4項）など）があることから、筆者の意見としては、監査役の妥当性監査権限には肯定的です。

したがって、経営判断に対する妥当性監査という意味でも、コーポレート・ガバナンスに関する監査役の役割は大きいものと思われます。

③財務に関する情報（第5）

財務に関する情報については、基本的に、**外部独立の専門機関である会計監査人**の監査がされているわけですが、監査役としても、通常の会計監査に加えて、投資家に対する情報開示に不足はないか、注意をしておく必要があります。

なお、後述の4－4項で触れますが、監査役（およびその他役員）は、有価証券報告書に虚偽記載があった場合には、金商法上の責任を負うことがあるので、くれぐれも記載内容の正確性には注意するようにしましょう。

4-3 有価証券報告書以外の開示規制

七海監査役「なんとなく、イメージはつかめてきました。ただ、他にもいろいろな開示規制があるんですよね？」

弁護士「はい。これまでは、有価証券報告書に着目してきましたが、他の開示規制についても、根拠となる法律別に少し見ていきましょう」

七海監査役「なんとなく、決算に関するものが多い気がしますが、やはり会社にとって一番に情報開示すべきは決算情報ということなんでしょうか？」

弁護士「そうですね。大量保有報告書などの例もありますが、決算というのは会社の重要な節目なので、決算情報が最も注目を浴びるわけです」

 会社法上の開示規制

会社法の規制では、株式会社は各事業年度に係る**計算書類**（貸借対照表、損益計算書など）および**事業報告**ならびにこれらの**附属明細書**を作成し（会社法435条）、一定のものにつき、次のとおり開示しなければなりません。

①**株主へ提供**（同法437条、438条）
②**貸借対照表等の公告**（同法440条）
　※ただし、有価証券報告書の提出義務のある株式会社については適用なし（同条4項）

③**株主および債権者への開示**（同法442条3項）

これらのほか、**株主名簿**の開示や**株主総会・取締役会議事録**の開示、**会計帳簿**の開示などがありますが、いずれも開示対象は一定の者に限られており、閲覧の要件や拒否事由などが定められています。

その他、公開会社における株式の募集事項の決定の特則（同法201条4項）などの公告もあり、広い意味では企業情報開示といえますが、誰もがアクセスできる企業情報開示としては、上記②の貸借対照表等の公告にとどまるのではないでしょうか。

これは、会社法においては、広く投資家の投資対象として株式・社債等が売買される会社を想定しておらず、静的な意味での投資家保護、すなわち現在の投資家（利害関係者）保護を図れば足りると考えられているためと思われます。

金商法上の開示規制

次に、金商法の規制では、すでに述べた有価証券報告書をはじめとして、**四半期報告書**、**内部統制報告書**などの開示があります。

さらに、**大量保有報告書**と呼ばれるものがあり、これは、上場会社の株式等を**5％超**保有した場合に提出が義務づけられる書類です（金商法27条の23）。通称、「**5％ルール**」とも呼ばれます。

上場会社の株式は、取引所で日々売買されることから、現在のみならず、将来の投資家に対する保護も必要となります。

したがって、金商法の規制は、不特定多数の投資家の保護を図ることになります。この意味では、動的な投資家保護といえるでしょう。

金融商品取引所の規程による開示規制

　最後に、金融商品取引所の規程による開示規制として、**決算短信**をあげておきます。

　「**決算短信**」とは、たとえば株式会社東京証券取引所の場合は、上場規程404条にもとづき、「事業年度若しくは四半期累計期間又は連結会計年度若しくは四半期連結累計期間に係る決算の内容が定まった場合」に、ただちにその内容を開示することが義務づけられている情報のことです。

　わかりにくいですが、要は、「**決算内容が定まったらすぐに開示すべき**」情報ということです。

　決算短信は、「**速報性**」に意義があることから、同じく株式会社東京証券取引所の場合は、遅くとも決算期末後**45日以内**に開示を行なうことが適当であり、**30日以内**の開示がより望ましいものとされています。

　つまり、有価証券報告書や決算公告よりも先に、**最も早く投資家に開示される決算情報**ということになります。ここでは細かい項目には触れませんが、筆者としては、有価証券報告書に比べて財務に関する情報のウエートが高くなっており、ページ数も半分程度との印象を持っています。

　ただし、一般に、決算短信は会計監査人の監査を受けていない点には注意が必要です。

4-4 上場会社の監査役の責任

七海監査役「先生、監査役の責任については、3章でも説明されたとおり、会社法423条や429条に規定があるんですよね」

弁護士「そうですね。ただし、上場会社の場合には、金商法上の責任も負うことになるので、ここではそれについても見ていくことにしましょう」

 ## 会社法上の責任について復習しよう

監査役が負う会社法上の責任は、**民事上の責任**と**刑事上の責任**があり、その概要は以下のとおりとなっています。

【民事上の責任】
①**会社に対する責任**（会社法423条1項）
　…任務を怠ったときは、株式会社に対し、これによって生じた損害を賠償する責任を負う。
②**第三者に対する責任**（同法429条1項）
　…職務を行なうについて悪意または重大な過失があったときは、これによって第三者に生じた損害を賠償する責任を負う。なお、一定の行為を行なった場合には、「注意を怠らなかったことを証明」しない限り、賠償責任を負う（同条2項）。

【刑事上の責任】
①**特別背任罪**（同法960条1項）
②**会社財産を危うくする罪**（同法963条5項各号）
③**虚偽文書行使等の罪**（同法964条1項）
④**預合いの罪**（同法965条）
⑤**贈収賄等**（同法967条、968条）
⑥**株主等の権利の行使に関する利益供与の罪**（同法970条）
　※その他、過料に処せられる行為等あり

 金商法上の責任について見てみよう

　監査役の責任につき、金商法上も、**民事上の責任**と**刑事上の責任**がありますが、これらに加えて、金商法では「**課徴金**」という**行政上の責任**も課されることがあります。
　以下、これらの責任について順に見ていきましょう。

①民事上の責任
　会社法における監査役の民事上の責任は、「任務を怠った」「職務を行なうについて悪意または重大な過失」など、具体的な行為を対象としているわけではなく、広く責任対象行為をとらえていると考えることができます。
　これに対して金商法では、基本的に、一定の書類の虚偽記載について責任を負う旨が規定されており、開示規制に対する監査役（を含む役員）の責任として、投資家保護の担保がされているわけです。
　本書では、金商法の条文構造を詳しく説明することは紙面の都合上省略させていただき、ここでは、監査役が負う金商法上の民事責任を2つあげておきましょう。

> ①有価証券届出書等の虚偽記載に対する責任
>
> （金商法21条1項1号、22条1項、23条の12第5項）
>
> ②有価証券報告書の虚偽記載に対する責任
>
> （同法24条の4、22条）
>
> ※その他、内部統制報告書や四半期報告書等の虚偽記載
>
> についても責任規定あり

　上記のうち、①は発行開示に、②は継続開示に係る責任となっており、いずれも、4-1項の「**大切なのは投資家の視点**」（177ページ参照）で述べた金商法の規制のうち、開示規制に関する責任です。

　ここで一つ、重要な点に注意したいと思います。

　会社法では、「任務を怠ったとき」、「悪意または重大な過失があったとき」などと、責任を問うためには何らかの「**落ち度**」があることが前提で、これは責任追及を行なう者が証明しなければなりません。

　しかし、金商法では「**虚偽記載のある有価証券報告書等が提出されたときの役員等**」は、原則として責任を負わなければならず、「**記載が虚偽でありまたは欠けていることを知らず、かつ、相当な注意を用いたにもかかわらず知ることができなかったこと**」を役員等が証明した場合には責任を免れる、という規定になっています（金商法21条2項等）。

　つまり、役員等の「**落ち度**」の有無についてはっきりとした証明がされない場合には、会社法では責任を免れますが、金商法では責任を免れることはできません。

　この点を見ても、金商法では投資家保護が強く意識されてお

190

り、監査役を含む（上場会社の）役員には重い責任が課せられていることがわかります。

次の4−5項で紹介する2つの事例に対する裁判所の判断においても、この違いははっきりと示されています。

これらに加えて、金商法上の取引規制に関する民事責任とも解釈しうるものを一つご紹介します。

金商法では、いわゆる**インサイダー取引**が禁止されていますが、上場会社の役員については、インサイダー取引を抑止するための厳しい制約が課されています。

【金商法164条1項】

上場会社等の役員又は主要株主がその職務又は地位により取得した秘密を不当に利用することを防止するため、その者が当該上場会社等の特定有価証券等について、自己の計算においてそれに係る買付け等をした後六月以内に売付け等をし、又は売付け等をした後六月以内に買付け等をして利益を得た場合においては、当該上場会社等は、その利益を上場会社等に提供すべきことを請求することができる。

つまり、上場会社の役員等は、**インサイダー取引でない取引であっても**、自社の株式の短期売買（6か月以内）により得た利益を会社へ提供しなければならない場合があるわけです。

②刑事上の責任

金商法でも、197条以下で罰則を定めています。

4−1項の「大切なのは投資家の視点」のところで見たとお

191

り、金商法の規制は大きく分けて、「**開示規制**」「**取引規制**」「**行為規制**」の３つがあります。

　行為規制については監査役との関連が薄いと思われるため、その違反に対する罰則の説明は省略することとし、開示規制、取引規制に違反した場合の刑事責任の一部について概観していきましょう。

---

①有価証券届出書・有価証券報告書の虚偽記載
②有価証券届出書・有価証券報告書の不提出
③半期報告書、臨時報告書、四半期報告書の虚偽記載
④半期報告書、臨時報告書、四半期報告書の不提出
⑤内部統制報告書の虚偽記載・不提出
⑥公開買付届出書等の虚偽記載
⑦公開買付届出書等の不提出
⑧大量保有報告書等の虚偽記載・不提出

以上は、開示規制に違反した場合の刑事上の責任です。

---

⑨インサイダー取引違反
⑩風説の流布、相場操縦等（これらを行なうだけでも罰則（金商法197条１項５号）があり、行なった後に取引をするとさらに重い罰則（同条２項）となる）
⑪売買報告書の提出等義務違反・空売り規制違反

　これらは、取引規制に関係する刑事上の責任です。各罪の法定刑は、最も重いもので、行為者個人について10年以下の懲役もしくは1,000万円以下の罰金またはこれらの併科、会社自体

192

も7億円以下の罰金、となっています。

③行政上の責任

金商法では、行政上の責任として、「**課徴金**」制度を設けています。これは、金銭の納付を求められる点で、一見すると刑事上の責任に似ていますが、刑事上の責任とは別に課せられる責任です。

もっとも、課徴金については、主に発行会社に課されることが多く、監査役個人に課されること（たとえば、金商法172条の2第2項による課徴金は役員等個人に課されます）は少ないと思われます。

しかし、監査役が適切な監査権限を行使しなかったことにより会社に課徴金が課されたような場合には、監査役は会社法423条にもとづく責任を負う可能性があるので、当然のことながら、無関係ではいられません。

証券取引等監視委員会によれば、課徴金制度の概要は、「開示書類の虚偽記載等の違反行為の抑止を図り、法規制の実効性を確保するという行政目的を達成するため、行政上の措置として、以下の金融商品取引法の規定に該当する者に対して金銭的負担を課す制度」ということで、対象は有価証券報告書の虚偽記載などの開示規制違反のほか、インサイダー規制違反などの取引規制違反にも及んでいます。

金融庁が示している課徴金額の算定方法によれば、たとえば有価証券報告書の虚偽記載については、

「**発行する株券等の市場価額の総額等の10万分の6または600万円のいずれか大きい額**」

となるので、**時価総額1兆円**の会社の場合には、課徴金額は

193

6,000万円という巨額になります。

このように、上場会社の監査役は、会社法のみならず、金商法上の責任も負うことになります。

法律は「知らなかった」ではすまされないので、上場会社の監査役は、これらの責任をよく理解して、慎重に職務を遂行することが求められます。

4-5 監査役の責任が認定された事案

七海監査役「上場会社の監査役はとても重い責任を負うことが理解できました。ただ、具体的にどういうときに責任が問われるのか、少し教えてもらえませんか？」

弁護士「たしかに、漠然と責任を認識しただけでは不十分ですし、何より、監査役としての職務遂行の指針も立てづらいかと思います。ここでは、実際に監査役の責任が認定された事案を2つご紹介しますので、何となくでもよいのでイメージを持ってもらえれば幸いです」

セイクレスト事件

（大阪高裁／平成27年5月21日判決）

【事案の概要】

　セイクレスト社は、ジャスダック証券取引所に上場していた会社で、平成23年（2011年）に破産しました。

　この会社の代表取締役は、いわゆるサブプライムショック以降、会社の財務状況が悪化したため、債務超過を解消すべく、過大評価による現物出資や不透明な手形発行などを繰り返していました。

　こうした状況のなか、セイクレスト社は新株発行により約4億2,000万円の資金調達を行ないましたが、この払込みがあった当日、代表取締役の指示により、8,000万円が不透明に支出されました。

この件について、セイクレスト社の社外監査役も損害賠償責任を問われました。

【争点】

これらの行為を行なった代表取締役が責任を問われることはもちろん（実際、裁判所も責任を認めています）ですが、社外監査役については、主に以下のような点が争点となりました。

①代表取締役が行なった行為を予見できたか
②⑦取締役会に対し内部統制システムを構築するよう勧告すべき義務等の違反があったか
　⑦代表取締役を解職するよう取締役会に勧告すべき義務の違反があったか
　⑦会社法385条1項にもとづき差止請求等を行なうべき義務の違反があったか
③上記②の義務違反があった場合に、当該義務違反と会社に生じた損害との間に因果関係があるか

【裁判所の判断】

上記の各争点について、裁判所は概要、以下のとおり判断しています。

＜①について＞

これまでに代表取締役が同様の行為を行なっており、会計監査人の要求により手形取扱規程が定められた直後にも、この規程に反した手形発行を行なっていた（ことを監査役も認識していた）ことなどから、今回の8,000万円の不透明支出についても予見できたはずだと判断しました。

＜②について＞

㋐責任を問われた社外監査役が公認会計士であり、監査役を10年務めていたこと、経営管理本部管掌業務を担当することとされていたこと、取締役会への出席を通じて代表取締役による一連の任務懈怠行為の内容を熟知していたこと、などから、内部統制システムの構築勧告義務があり、これに対する違反が認められると判断しました。

㋑代表取締役の一連の行為は、代表取締役としての適格を欠くことが明らかであるとして、代表取締役の解職勧告義務も肯定され、これに対する違反が認められると判断しました。

㋒内部統制システム構築勧告や代表取締役解職勧告により、かなりの程度、効果をあげることができたと考えられるとして、差止請求等を行なうべき義務違反までは認められないと判断しました。

＜③について＞

まず、内部統制システム構築の勧告をしていれば、その結果、取締役会において、現金・預金等の出金や払戻しについても管理規程が定められることになった可能性が高いことを認めました。

そのうえで、こうした管理規程があれば、会社の従業員が代表取締役から本件のような出金の指示を受けた際にも、規程の存在を理由にこれを拒むこともでき、従業員から報告を受けた監査役において代表取締役の行為の差止めを請求するなど、本件を防止することも可能であったと判断して、因果関係も認めました。

【結論】

　結果として、セイクレスト社の社外監査役について、会社に対する損害賠償責任が認められました（ただし、重大な過失はないとして、事前に締結されていた責任限定契約にもとづき、賠償金額は減額されています）。

【筆者のコメント】

　社外監査役は非常勤であることが多く、会社の状況をリアルタイムに把握することは困難でしょう。
　しかし、この判決では、こうした社外監査役にも、内部統制システム構築勧告や代表取締役解職勧告の義務を認め、これに違反した場合には損害賠償義務があることを明確にしました。
　この事件では、問題となった社外監査役が公認会計士であり、従前の代表取締役の違法または不当行為を熟知していたことが考慮されているとはいうものの、「非常勤だからしかたがない」という理由はなかなか通らないことを認識していただきたいと思います。

 ライブドア事件

【事案の概要】（※非常に複雑なので一部簡略化しています）

　ライブドア社は、東証マザーズ市場に上場していた会社ですが、平成18年（2006年）に上場廃止となりました。
　本事件は、ライブドア社が提出した平成16年（2004年）9月期の有価証券報告書のなかの連結損益計算書上に、本来、売上計上が許されないものが計上され、経常損失であったものが経常利益として記載されていたのではないかという点に始まり、この点について、同社および役員らの責任が追及された事案です。

本事件は刑事事件化もしており、民事事件についても、一般投資家と機関投資家が別々に責任追及をしているため、訴訟は多岐にわたっています。

ここでは、一般投資家が責任追及した事件を取り上げ、特に地裁判決（東京地裁／平成21年5月21日判決）をメインに説明することにします。

【争点】

本事件の争点は、問題となった連結損益計算書の売上計上の虚偽性などに始まり、ライブドア社や関連会社の責任の有無などにも及んでいますが、ここでは、**可能な限り、監査役に対する金商法（当時は証券取引法）上の責任に絞って取り上げます。**

証券取引法上の責任を追及されたライブドア社の監査役は2名です。このほか、問題となった有価証券報告書の提出前に辞任した監査役が1名いますが、結果的にこの監査役にも、会社法（当時は商法）上の責任が認められています。

本事件での監査役に係る主たる争点は、概要、以下のとおりです。

①有価証券報告書に虚偽記載があるといえるか
②（虚偽記載がある場合に）監査役に責任があるか
③原告らの損害の金額はいくらか

このうち、③については高裁、最高裁と金額についての争いが続きます。これは、市場でのライブドア株の値下がりのうち、どの部分を本事件によるものと判断すべきかという難しい問題（市場での通常の株価変動をどう考慮すべきかという問題にも関係します）に対する議論であるため、ここでは触れないこと

199

とします。

【裁判所の判断】
　上記の各争点について、裁判所は、まず①について諸々の事実関係から有価証券報告書の虚偽記載を認めたうえで、②について、概要、以下のとおり判断しています。
＜②について＞
● 有価証券報告書には重要な事項に虚偽の記載がある

● 当該有価証券報告書の提出時の監査役は「記載が虚偽でありまたは欠けていることを知らず、かつ、相当な注意を用いたにもかかわらず知ることができなかった」ことが認められない限り、証券取引法（現在では金商法）上の責任を負う

● 監査役らは、本件有価証券報告書の提出直前において、監査法人が架空売上について疑いをもっていることを認識していたのであるから、監査法人やライブドア社の取締役らに対し、この件についての報告を求めるなどして、ライブドア社の会計処理の適正を確認する義務があった

● しかし、監査役らはこれを行なわなかったのであるから、「相当の注意を用いた」とは認められない

● よって、監査役らは、有価証券報告書の虚偽記載に対する証券取引法上の責任を負う

【結論】
　結果として、ライブドア社の監査役2名について、同社株主

に対する損害賠償責任が認められ、一定の金額の支払いが命じられました。

【筆者のコメント】
　虚偽記載のある有価証券報告書が提出された場合には、提出時の提出会社役員等は、金商法の規定により、株主の損害を賠償する責任を負います。
　そして、その場合に免責されるためには、特に監査役についていえば、十分な監査権限を行使してもなお虚偽であることを知り得なかったことが必要であり、言い換えれば、監査役には、適切な監査権限を行使し、有価証券報告書の記載の正確性を確認する義務があるといえるわけです。
　本事件の裁判所の判断からすれば、この場合の監査権限の行使はかなり高度なものが求められ、監査法人の監査結果についてもこれを鵜呑みにすることなく、その内容について適切に調査することまで求められているといえるでしょう。

最後に、上場会社の監査役となる方へ

　本章の最後に、上記2件の裁判例を概観したわけですが、上場会社の監査役は、会社法のみならず金商法上の責任も負い、それは時として、市場で株式を取得した株主の損失を賠償する責任となるわけです。
　そして、上場会社ゆえに、対象となる株主は膨大な人数となり、賠償すべき金額も巨額となり得ることは、ライブドア事件でもよくわかります。
　上場会社の監査役には、こうした重い責任をよく理解して、適切な監査権限（特に業務監査）を行使することが期待されています。

知っトク! COLUMN 適法性監査と妥当性監査

　監査役の業務監査権限は、取締役の業務執行を監査対象とするわけですが、その対象をどうとらえるかにつき、法令・定款違反の有無に関するもの（**適法性監査**）に限定されるのか、業務執行の妥当性・相当性に関するもの（**妥当性監査**）にも及ぶのか、との議論があります。

　両者は明確に区分することが難しい側面もあるのですが、監査役には業務執行権限がないことなどを理由として、（少なくとも以前は）業務監査権限は適法性監査に限定されるとの見解が主流だったようです。

　4章で少し触れていますが、平成18年（2006年）に施行された会社法では、監査役の監査権限につき、適法性監査のみならず妥当性監査にも及ぶことの根拠となりうる規定がいくつか存在します。

　昨今のコーポレート・ガバナンスの流れに乗るならば、不祥事を未然に防ぐことは、会社にとって大きな社会的使命であるといえるでしょう。そして、「このままいくと将来、違法行為につながって大きな損失を生じるかもしれない」と監査役が感じたならば、取締役の業務執行方針に問題意識を持たせて不祥事の未然防止を図ることは、まさに監査役に求められている職務ではないでしょうか。

　一方で、監査役は、会社の元取締役や元部長など、業務執行を担っていた重職にあった人物であることも多く、ついつい昔の癖で、後輩に指導してしまうこともあり得ます。新商品の開発方針や積極的なM＆Aの提案など、時には監査役の見解が会社の業務執行に有益なこともあるかもしれません（逆もまたしかりですが…）。

　しかし、こうした業務執行事項に関しては、将来の違法性に直接関連しない限り、監査役は積極的な意思表示は控えたほうがよいと考えます。監査役には業務執行権限がないわけですから、あくまでも「**違法性**」につながる限りでの妥当性の監査に留め、「**損得**」につながる妥当性については、代表取締役以下の業務執行に委ねるのが法の予定するところといえるのではないでしょうか。（藤木友太）

おわりに

本書を最後までお読みいただきありがとうございます。監査役の仕事の全体像をつかんでいただけたのではないかと思います。

この本は、『取締役になるとき いちばん最初に読む本』に続くシリーズとして企画・出版されました。プロローグでも触れましたが、監査役の仕事は、実際に会社業務を取り仕切る取締役と異なり、わかりにくく、専門的なことがらが多いと感じられたかもしれません。

また、平成18年（2006年）の会社法施行により、会社の機関設計の自由度が大幅に増し、ある意味複雑化してわかりにくくなった側面があるともいえるでしょう。

一方で、機関設計が自由であるということは、会社の置かれているさまざまな状況や成長戦略に応じた会社の組織体制の構築が可能であるといえます。

本書でも触れたライブドア社も、最初は取締役のみの会社（当時の有限会社）からスタートしたそうです。アーリーステージの会社であっても、ＩＰＯ（株式公開）をめざすのであれば、早い時期から業務監査の体制を整えておくべきでしょう。大規模な資金調達を要する事業を行なう場合も、信用力アップのために監査体制の整備が必要です。

入門書であることから本書では詳しく触れませんでしたが、平成27年（2015年）施行の改正会社法で新設された監査等委員会は、上場会社において導入が進み、いまでは上場企業の3割弱にあたる1,000社以上が監査等委員会設置会社に移行したと

のことです。

　このような流れが生じる理由や背景、事情は諸々ありますが、社会的にみて会社がコンプライアンス体制を強化することが求められ、その方策の一つとして監査役や監査体制が十分に機能することが期待されていることは明らかです。

　本書では、監査役の仕事をできる限りわかりやすく網羅的に書いていますが、まだ説明が足りない部分が多くあると思います。
　次ページに参考となる文献一覧を掲載しました。本書を読まれた皆さまには、会社が適正に業務を行なうことができるよう、監査役として存分に力を発揮していただければと思います。

セブンライツ法律事務所

【参考文献】

・中村直人編著『監査役・監査委員ハンドブック』（商事法務／2015年）

・高橋均著『監査役監査の実務と対応〔第6版〕』（同文舘出版／2018年）

・経営法友会会社法研究会編『監査役ガイドブック〔全訂第3版〕』（商事法務／2015年）

・岩田合同法律事務所編・田子真也編著『Q&A社外取締役社外監査役ハンドブック』（日本加除式出版／2015年）

・國吉信男・松永望・山﨑滋編著『監査役実務入門 ゼロから始める監査役監査〔改訂版〕』（国元書房／2015年）

・江頭憲治郎著『株式会社法〔第7版〕』（有斐閣／2017年）

・山浦久司著『監査論テキスト〔第6版〕』（中央経済社／2015年）

・桜井久勝著『財務会計講義〔第20版〕』（中央経済社／2019年）

・田中弘著『会計と監査の世界―監査役になったら最初に読む会計学入門』（税務経理協会／2011年）

【執筆者プロフィール】

田中　純一郎（たなか　じゅんいちろう）

弁護士（東京弁護士会）。セブンライツ法律事務所共同代表。1972年、東京都出身。明治大学大学院法学研究科博士前期課程修了（法学修士）、明治大学法科大学院修了。主な取扱分野は、企業側労働事件、倒産・事業再生、M＆A、コンプライアンス対応その他のガバナンス法務など。金融機関・保険会社・ＩＴ企業から飲食店まで幅広い業種の企業法務に対応し、監査役に関しては上場企業やスタートアップ企業などにおいて、法律知識を活かし社外監査役として職務にあたっている。著書に『労働時間を適正に削減する法』（アニモ出版）、『金融商品と不法行為 有価証券報告書虚偽記載と損害賠償』（三協法規出版）、『起業と経営の基本知識がわかる本』（自由国民社）、『コンメンタール出入国管理及び難民認定法』（現代人文社）、『外国人の法律相談』（学陽書房）等がある（いずれも共著）。

利光　剛（としみつ　たけし）

弁護士（東京弁護士会）。セブンライツ法律事務所共同代表。1972年、東京都出身。慶應義塾大学大学院理工学研究科後期博士課程修了（理学博士）、明治大学法科大学院修了。株式会社ほか複数法人の社外役員等を歴任。主な取扱分野は、法人向け案件では、法人設立・事業立上げ、コーポレートファイナンス、タックスプランニング、M＆A、事業承継、事業再生その他の企業経営ソリューション法務などが多い一方、個人向け案件では、圧倒的に相続・事業承継案件が多く、地主、会社オーナー、病院経営者など、資産家のアセットマネジメントや事業承継を得意としている。

中沢　信介（なかざわ　しんすけ）

弁護士（東京弁護士会）。1984年、埼玉県出身。明治大学経営学部会計学科卒業、明治大学法科大学院修了。主な取扱分野は、法人設立・ベンチャー支援、契約書作成、法務デューディリジェンス、M＆A・事業承継、債権回収、使用者側労働事件その他の企業法務、遺言書作成、任意後見、法定後見、ホームロイヤーその他の終活関係法務、法人・個人の任意整理、破産、民事再生その他の倒産関係法務など。弁護士業務の傍ら、東京弁護士会法教育委員会副委員長（現職）として、法教育の推進にも携わる。著書に『賃貸住居の法律Q＆A 6訂版（困ったときの！ みんなの不動産）』（住宅新報出版、共著）があり、マイナビが運営するセラピストプラス（https://co-medical.mynavi.jp/contents/therapistplus/）にて，「弁護士とやさしく学ぶ医療介護の法律」を連載している。

藤木　友太（ふじき　ゆうた）

弁護士（東京弁護士会）、1級ファイナンシャル・プランニング技能士、ＣＦＰ®。1988年、新潟県出身。明治大学法学部法律学科卒業、明治大学法科大学院修了。主な取扱分野は、企業側労働事件、事業承継その他の企業法務、不動産売買、投資、賃貸管理その他の不動産関係法務、遺産分割、遺言書作成、家族信託その他の相続関係法務など。著書に『労務トラブル予防・解決に活かす"菅野「労働法」"』（日本法令、共著）がある。

セブンライツ法律事務所（SEVEN LIGHTS Law offices）

2014年7月に設立。企業・法人の諸法務から個人の一般民事事件まで、幅広い案件を扱う。特に企業に対するリーガルサポート案件を多く取り扱っており、上場企業から中小企業、医療法人や社会福祉法人などの役員を務め、常に企業・法人経営の現場を担うべく日々研鑽を重ねている。
事務所名の由来は、19世紀末から20世紀初頭にかけて活躍したイギリスの法廷弁護士・裁判官E.A.パーリーの著書『弁護士の技術と倫理〜弁護士の道の七燈』より、弁護士の7つの心構えである「誠実」「勇気」「勤勉」「機知」「雄弁」「判断」「友情」を、一人一人の弁護士が持ち続けるという想いを込めて命名。

HP　https://sevenlights-law.com/

監査役になるとき　いちばん最初に読む本

2019年11月15日　　初版発行

著　者　セブンライツ法律事務所

発行者　吉溪慎太郎

発行所　株式会社 アニモ出版
　　　　〒162-0832 東京都新宿区岩戸町 12 レベッカビル
　　　　TEL 03（5206）8505　FAX 03（6265）0130
　　　　http://www.animo-pub.co.jp/

©SEVEN LIGHTS Law offices 2019 ISBN978-4-89795-231-4
印刷：文昇堂／製本：誠製本　Printed in Japan

落丁・乱丁本は、小社送料負担にてお取り替えいたします。
本書の内容についてのお問い合わせは、書面かFAXにてお願いいたします。

アニモ出版　わかりやすくて・すぐに役立つ実用書

取締役になるとき
　　　　いちばん最初に読む本

西田 弥代 著　定価 本体1800円(税別)

取締役と従業員との違いから取締役の役割、責任、権限の法律知識まで、取締役になると何が変わるのかが、何の知識も持っていないという初めての人でもやさしく理解できる本。

会社法の基本
　　　　いちばん最初に読む本

佐川 明生 著　定価 本体1600円(税別)

株式会社の設立のしかた、機関設計のしくみから、運営上の必須知識、会社をめぐる訴訟とその対処法まで、これだけは知っておきたい会社法の基本としくみがやさしく理解できる。

図解でわかる経営の基本
　　　　いちばん最初に読む本

六角 明雄 著　定価 本体1600円(税別)

経営理論の基礎知識、経営者の役割から経営管理の手法、実践的なマーケティングまで、イラスト図解とわかりやすい解説で、経営のことが具体的・体系的に理解できる入門経営書。

図解でわかる経営分析
　　　　いちばん最初に読む本

久保 豊子 監修　定価 本体1600円(税別)

決算書のしくみから、収益性・安全性・生産性・成長性・キャッシュフローの分析のしかたまで、経理・会計の知識がない人や数字が苦手な人でもやさしく理解できる入門実務書。

定価には消費税が加算されます。定価変更の場合はご了承ください。